高等教育教学研究丛书

高校思政教育管理工作质量评价研究

丁建范　秦泽华　著

·郑州·

图书在版编目(CIP)数据

高校思政教育管理工作质量评价研究 / 丁建范，秦泽华著. -- 郑州 ：河南大学出版社，2024. 7. -- ISBN 978-7-5649-5995-1

Ⅰ. G641

中国国家版本馆 CIP 数据核字第 20243RZ743 号

高校思政教育管理工作质量评价研究

GAOXIAO SIZHENG JIAOYU GUANLI GONGZUO ZHILIANG PINGJIA YANJIU

责任编辑 屈琳玉
责任校对 陈 巧
封面设计 张田田

出版发行 河南大学出版社
地址:郑州市郑东新区商务外环中华大厦 2401 号　邮编:450046
电话:0371-86059715(高等教育与职业教育分公司)
0371-86059701(营销部)
网址:hupress. henu. edu. cn

印　　刷 广东虎彩云印刷有限公司
版　　次 2024 年 7 月第 1 版　　**印　　次** 2024 年 7 月第 1 次印刷
开　　本 710 mm×1010 mm　1/16　　**印　　张** 7. 75
字　　数 134 千字　　**定　　价** 45. 00 元

前 言

随着时代的快速发展和社会变革的加速，高校思政教育管理工作面临着前所未有的挑战与机遇。思政教育作为高校教育的重要组成部分，其管理工作的质量直接关系到高校人才培养的质量和社会责任的履行。对高校思政教育管理工作质量进行全面、深入、科学的评价，既是对高校教育质量的客观反映，也是推动思政教育不断创新发展的必然要求。

当前，我国高校思政教育工作在取得显著成效的同时，也面临着诸多挑战和问题。随着信息技术的迅猛发展，各种思想文化和价值观念交汇融合，对高校学生的思想观念和价值取向产生了深刻影响，这使得思政教育工作的难度和复杂性不断增加。为了更好地实现科教兴国的战略目标，全面提升大学生的思想政治素养，构建科学合理的思政教育管理工作质量评价体系显得尤为重要。

本书从高校思政教育管理工作质量评价概述入手，对高校思政教育管理工作质量评价指标体系的构建进行了分析，接着对高校思政教育管理工作质量评价实施进行了探讨，最后对高校思政教育管理工作质量评价实践进行了详细阐述。希望通过本书的介绍，能够为读者在高校思政教育管理工作质量评价方面提供帮助。

在写作过程中，笔者参阅了相关文献资料，在此，谨向其作者深表谢忱。

由于水平有限，疏漏和缺点在所难免，希望得到广大读者的批评指正，并衷心希望同行不吝赐教。

丁建范　秦泽华

2024 年 6 月

目 录

目 录

第一章　高校思政教育管理工作质量评价概述

第一节　高校思政教育管理工作质量评价的内涵

一、高校思政教育管理工作的内涵、范畴与质量评价

(一)高校思政教育管理工作的内涵

高校思政教育管理工作是指以马克思主义为指导,运用管理学、教育学等理论,对高校思想政治教育活动进行计划、组织、指挥、协调和控制的系统性工作。其目的在于保证思想政治教育工作正确的政治方向,提高思想政治教育的科学化、规范化水平,促进大学生的全面发展。高校思政教育管理工作的内涵主要体现在以下几个方面。

一是组织性。高校思政教育是一项系统工程,涉及教学、科研、学生工作等多个环节。思政教育管理工作需要统筹兼顾、科学安排,合理配置人力、物力、财力等资源,形成工作合力。

二是协调性。高校思政教育管理涉及党政工团等多个部门,需要协调各方面的力量,形成齐抓共管的工作格局。同时,还要处理好显性教育与隐性教育、课内教育与课外教育、理论教育与实践教育的关系,实现思想政治教育的协调发展。

三是监督性。高校思政教育管理工作要加强过程监控和绩效评估,及时发现并解决工作中存在的问题,确保思想政治教育工作落到实处、见到实效。

(二)高校思政教育管理工作的范畴

高校思政教育管理工作涵盖了思想政治教育的各个方面。一是理想信念教

育。引导大学生树立共产主义远大理想和中国特色社会主义共同理想,坚定中国特色社会主义道路自信、理论自信、制度自信、文化自信。二是爱国主义教育。大力弘扬以爱国主义为核心的民族精神和以改革创新为核心的时代精神,引导大学生继承和发扬革命传统,勇担民族复兴的历史重任。三是道德品质教育。引导大学生践行社会主义核心价值观,加强社会公德、职业道德、家庭美德教育,提升道德修养。四是法治教育。加强宪法法律教育,提高大学生的法治观念,培养社会主义法治人才。五是心理健康教育。关注大学生身心发展,完善心理健康教育体系,提高心理健康水平。六是校园文化建设。以社会主义核心价值观引领校园文化,开展形式多样、健康向上的校园文化活动,营造良好的校园文化氛围。

(三)质量评价

质量评价是对高校思政教育管理工作质量进行系统测评和价值判断的过程,是提升高校思政教育管理工作科学化、规范化水平的重要手段。从本质上讲,质量评价旨在客观反映高校思政教育管理工作的实际状况,发现存在的问题和不足,进而采取针对性措施加以改进和完善。这个过程不仅有助于高校全面了解思政教育管理工作的成效,而且为其持续优化和创新指明了方向。

高校思政教育管理工作质量评价是运用科学方法,对高校思政教育管理工作实施过程和效果进行测量、分析和价值判断的系统性活动。它是推进高校思政教育管理工作科学化、规范化、专业化的重要抓手,对于提升高校思政教育管理工作的针对性、实效性具有重要意义。

高校思政教育管理工作质量评价的核心在于运用科学方法。所谓科学方法,就是要遵循教育评价的基本规律,采用定性评价与定量评价相结合、过程性评价与终结性评价相统一的方式,全面、客观、准确地评估高校思政教育管理工作的实施过程和效果。这就要求评价主体要具备扎实的理论功底和丰富的实践经验,熟悉思政教育管理工作的特点和规律,掌握科学的评价原理和方法。同时,评价指标体系的设计要全面覆盖思政教育管理工作的各个环节和要素,既要关注过程性指标，如组织领导、队伍建设、制度建设等，又要重视结果性指标，如师生的思想状况、校园文化建设等。指标设置还应符合思政教育管理工作的内在规律，体现其育人导向和价值追求。

高校思政教育管理工作质量评价的对象包括实施过程和实施效果。对实施过程的评价，要着眼于思政教育管理工作是否科学规范，各项措施是否得到有效落实。这就需要深入一线，通过座谈访谈、查阅资料、实地考察等方式，全面了解思政教育管理工作的开展情况。对效果的评价，要聚焦思政教育管理工作对师生思想的影响和教育教学的促进作用。可以运用问卷调查、个别访谈等形式，分析师生对学校思政教育管理工作的满意度，考察学生的思想状况、价值取向、道德品质等。评价过程中还应该注重分类指导，针对不同学校、不同学科、不同群体的特点，采取差异化的评价标准和方式。

二、高校思政教育管理工作质量评价的理论基础

（一）教育评价理论

教育评价理论为思政教育管理工作质量评价提供了重要的理论基础和方法指导。评价是教育工作的重要环节，是检验教育质量、改进教育实践的关键手段。现代教育评价理论经过长期发展，已经形成了较为成熟的理论体系，主要包括目标导向评价、过程性评价、多元主体评价等重要理论，为思政教育管理工作质量评价提供了科学指导。

1. 目标导向评价理论

目标导向评价理论强调评价应围绕教育目标展开，突出评价的针对性和导向性。在思政教育管理工作质量评价中，应当以立德树人为根本任务，以学生全面发展为根本目标，构建科学合理的评价指标体系。通过目标导向评价，可以引导思政教育管理工作聚焦主责主业，提升工作质量。

2. 过程性评价理论

过程性评价理论强调评价应贯穿于教育教学全过程，关注学生的成长变化和个性发展。传统的思政教育管理工作质量评价往往偏重于结果评价，忽视了过程评价的重要性。引入过程性评价理论，可以促进评价方式的多元化，全面考察思政教育管理工作的实施过程，及时发现问题，从而改进工作方法，提高工作实效。

3. 多元主体评价理论

多元主体评价理论强调评价主体的多样性，突出评价的互动性和民主性。在思政教育管理工作质量评价中，应当充分发挥学生、教师、管理者等多元主体的作用，建立多方参与、协同互动的评价机制。通过多元主体评价，可以更全面、更客观地反映思政教育管理工作的质量和效果，促进评价的科学性和公正性。

4. 其他理论

除了以上这些重要理论，现代教育评价理论还包括形成性评价、发展性评价等理论，都为思政教育管理工作质量评价提供了有益启示。形成性评价关注评价的反馈功能，强调评价要为改进教学服务；发展性评价关注学生的个性特点和发展潜力，强调评价要促进学生的可持续发展。这些理论都为构建科学的思政教育管理工作质量评价体系提供了重要参考。

（二）管理学理论

1. 质量管理理论

质量管理理论强调以顾客为关注焦点，持续改进产品和服务质量，这一理念可以移植到高校思政教育管理工作质量评价中，即以学生发展为中心，持续提升思政教育管理工作的针对性和实效性。质量管理理论倡导组织的各个部门、所有员工参与到质量管理中，形成全员、全过程、全方位的质量管理格局。高校思政教育管理工作质量评价需要学校各部门通力合作，教师、学生家长和社会共同参与，构建全面质量保障体系。

2. 目标管理理论

目标管理理论为思政教育管理工作质量评价提供了切实可行的路径。运用目标管理理论，高校可以根据自身发展定位和人才培养目标，科学制订思政教育管理工作的阶段性目标和关键绩效指标，引导教育管理工作有的放矢地展开。同时，将目标分解到学校各部门和个人，明确职责分工，将目标管理与日常教育教学管理实践紧密结合，提升组织的执行力。定期对照目标检查完成情况，总结经验教训，形成良性循环，推动思政教育管理工作不断迈上新台阶。

3. 项目管理理论

项目管理理论从过程控制、资源配置等角度赋予了思政教育管理工作质量评价新的内涵。评价要关注结果，更要关注过程。将思政教育管理工作视为一个个项目加以管理，明晰工作的里程碑节点和关键路径，加强过程监控和动态评估，及时发现并解决问题，确保工作按期保质完成。科学调配人力、物力、财力等资源，优化配置教师队伍、思政教育课程、实践育人平台等，为提升教育管理工作质量奠定坚实基础。建立科学的绩效评估体系，将过程管理的成效与个人及部门绩效挂钩，以调动参与者的积极性和创造性。

4. 精益管理理论

精益管理理论为进一步提升高校思政教育管理工作质量评价的科学化水平提供了思路。这个理论注重持续优化业务流程，消除浪费，为顾客创造价值。将其应用于思政教育管理工作质量评价意味着，要聚焦育人这一核心业务，厘清工作流程，借助信息化手段提升管理效率。运用问卷调查、个别访谈、大数据分析等方式广泛收集师生、用人单位等反馈，找准服务对象的需求痛点，持续优化育人工作,以评价促进质量提升。同时,要建立精简高效的质量管理组织体系,打破条块分割,加强协同配合,减少重复劳动和资源浪费,让有限的人力、物力、财力资源创造出最大价值。

5. 战略管理理论

战略管理理论站在全局和长远的高度审视高校思政教育管理工作质量评价。思政教育管理工作质量评价要服从学校发展战略,在制定评价指标时,要立足学校的历史传统、办学定位、发展方向等因素,体现“三全育人”工作格局。树立战略思维,遵循教育教学规律和青年学生成长规律,引导教师潜心育人,激励学生刻苦学习,为学校提升核心竞争力赋能。评价体系也要根据内外部环境变化适时调整,把握时代脉搏,回应社会关切,彰显使命担当。

三、高校思政教育管理工作质量评价的原则

(一)科学性原则

科学性原则要求在进行评价时,必须遵循思政教育的内在规律,运用科学的方法和手段进行客观分析。这意味着需要深入研究和理解思政教育的理论体系和实践经验,以确保评价工作的准确性和有效性。同时,科学性原则还要求在评价过程中不断探索和创新,以适应时代的发展和社会的变化。

(二)系统性原则

思政教育是一个复杂的系统工程,涉及多个方面。在进行质量评价时,必须从整体上把握思政教育的各个方面,既要关注课堂教学,又要关注课外活动;既要考查学生的知识掌握情况,又要考查他们的思想道德素质。只有这样,才能全面、准确地反映思政教育的真实情况,为改进工作提供有力的依据。

（三）客观性原则

客观性原则要求在评价过程中始终坚持公正、公平、公开的原则，确保评价结果的客观性和真实性。这意味着评价过程中要避免主观臆断和偏见，以事实为依据，以数据为支撑，进行客观、公正的评价。同时，还需要建立健全评价机制和监督体系，确保评价工作的透明度和公信力。

（四）发展性原则

发展性原则着眼于思政教育的长远发展和创新。思政教育是一个不断发展和创新的过程，评价工作也应与时俱进，不断适应新的形势和要求。因此，需要关注思政教育的前沿动态和最新成果，及时调整评价标准和方法，以推动思政教育的不断发展和进步。

（五）可操作性原则

可操作性原则强调了评价工作的实用性和可行性。评价工作不仅要具有理论价值，更要具有实践意义。在制定评价标准和程序时，要充分考虑实际操作的可行性和便捷性，确保评价工作能够顺利进行并取得实效。

三、高校思政教育管理工作质量评价的意义

（一）提升思政教育实效

高校思政教育管理工作质量评价为思政教育管理工作提供了重要的理论支撑。通过构建科学的评价指标体系，系统考察思政教育管理工作的各个环节，能够充分揭示工作规律，探索提升工作质量的有效途径。同时，评价过程中形成的大量经验数据，也为深化思政教育管理理论研究提供了宝贵的素材，有助于推动思政教育管理学科的发展。

高校思政教育管理工作质量评价是推动工作改进的重要抓手。评价不仅能够及时发现工作中存在的突出问题和薄弱环节,还能深入分析问题产生的原因,为有针对性地制定整改措施提供参考。通过评价-反馈-改进的良性循环,能够不断优化思政教育管理工作的方式、方法,创新工作载体和平台,切实增强工作的吸引力和感染力。

高校思政教育管理工作质量评价有利于营造重视思政工作的良好氛围。将评价结果与资源配置、绩效考核等挂钩,能够充分调动高校开展思政教育管理工作的积极性和主动性。评价活动本身也是凝聚共识、形成合力的过程,有助于推动全校上下形成思政工作“人人有责、人人尽责”的良好局面。

(二)促进高校发展

高校思政教育管理工作质量评价不仅能够完善高校思政教育管理工作,而且有助于提升高校思政教育实效。评价过程是对思政教育管理工作的系统审视和反思,能够发现工作中存在的问题和不足,为改进工作提供明确方向。通过科学合理的评价,能够优化高校思政教育管理工作中的资源配置,突出工作重点,改进工作方式方法,从而切实增强思政教育的针对性和有效性。

高校思政教育管理工作质量评价能够促进教育理念的更新。传统的思政教育管理工作主要关注形式和过程,开展质量评价,则要求思政教育工作者更加重视教育效果,关注学生思想政治素质的实际提升。这种理念的转变有利于改变“重形式、轻实效”的问题,推动思政教育回归育人本质。

质量评价还能促进思政教育管理工作方式方法的创新。评价过程不只是对已有工作的总结,更是推动工作改进的契机。通过评价,能够发现思政教育管理在内容设计、活动组织、队伍建设等方面的创新空间,激发思政教育工作者的创造力,探索更加科学、有效的工作方式,不断提升思政教育的吸引力和感染力。

高校思政教育管理工作质量评价有助于凝聚育人合力。评价过程需要调动校内外各方力量广泛参与,加强思政教育部门与学校其他部门、思政教育工作者与专业课教师、学校与社会各界的沟通与配合。这种多元互动有利于形成全员育人、全过程育人、全方位育人的工作格局，构建起学校、家庭、社会协同推进思政教育的长效机制。

高校思政教育管理工作质量评价不仅是推动思政教育管理工作不断改进和提升的重要举措，更是确保高校育人质量、实现立德树人根本任务的关键环节。从宏观层面来看，高校思政教育管理工作质量评价有助于推动高校整体发展。在新时代背景下，高校面临着日益复杂的外部环境和更高的人才培养要求。思政教育管理工作作为高校人才培养的重要组成部分，其质量高低直接关系到高校的办学水平和社会声誉。通过开展科学、系统的质量评价，高校可以全面诊断思政教育管理工作中存在的问题和不足，找准工作的着力点和突破口，进而采取针对性措施加以改进。这不仅能够提升思政教育管理工作的针对性和实效性，更能推动高校育人质量的提升，为高校的可持续发展提供坚实保障。

高校思政教育管理工作质量评价是推动思政工作队伍专业化、职业化发展的重要路径。思政教育管理工作是一项专业性很强的工作，需要思政工作者具备扎实的理论功底、丰富的实践经验和过硬的工作能力。而质量评价恰恰为思政工作者提供了一个自我诊断、自我改进的平台。通过参与质量评价，思政工作者可以系统梳理工作中的成败得失，查漏补缺，不断充实和完善自身的知识结构和能力素质。质量评价还能够强化思政工作者的责任意识和担当精神，激发其工作热情，调动其工作积极性。长此以往，必将推动高校思政工作队伍整体素质的提升，为思政教育管理工作的创新发展注入不竭动力。

高校思政教育管理工作质量评价直接关系到广大师生的切身利益。思政教育管理工作的对象和服务者是全体师生，其工作成效最终都要体现在师生的获得感和幸福感上。通过质量评价，可以深入了解师生对思政教育管理工作的意见和建议，准确把握师生的实际需求，进而不断改进工作方式方法，提供更加优质、高效的思政教育管理服务。这不只有利于增强师生对思政工作的认同感和参与度，更能够切实提升师生的思想道德素质和心理健康水平，为其全面发展奠定坚实基础。

第二节　高校思政教育管理工作质量评价的功能

一、导向功能

(一) 目标导向

目标导向功能是高校思政教育管理工作质量评价的首要功能,它通过设定明确的评价指标和标准,为思政教育管理工作指明前进的方向和努力的目标,使其始终沿着正确的轨道推进。具体而言,目标导向功能主要体现在以下三个方面。

1. 评价指标的设置

科学、合理的评价指标能够准确反映思政教育管理工作的关键环节和核心要素,为评价活动提供明确的方向。这些指标通常包括思想政治教育的针对性和实效性、学生的思想道德素质、教师的育人能力、管理制度的完善程度等。通过对这些指标的考查和衡量,评价结果能够全面展现思政教育管理工作的现状和不足,为后续改进提供可靠依据。同时,评价指标的设置本身就蕴含着一定的价值取向和目标追求,它向全体教职工传递了学校对于思政工作的期望和要求,激励大家为实现这些目标而不懈努力。

2. 评价标准的制定

评价标准是判断思政教育管理工作是否达到预期目标的尺度,它既要符合思政工作的特点和规律,又要体现时代发展的要求。制定科学的评价标准,需要深入研究思政教育管理的内在逻辑,总结实践经验,借鉴先进做法。只有建立起一套切实可行、动态调整的评价标准体系,才能保证评价活动的公平公正,推动思政工作不断发展。评价标准的选择，也反映了学校思政工作的发展方向和价值追求。例如，注重学生主体地位、强调实践育人的评价标准，就彰显了以学生发展为中心、知行合一的理念。

3. 评价结果的运用

评价结果不是目的，而是推动思政教育管理工作改进的起点和动力。通过总结评价中的成绩和不足，分析背后的原因，学校可以有针对性地制订整改措施，完善制度机制，改进工作方法。对于评价结果优秀的团队和个人，学校应该给予表彰和奖励，以树立榜样，推广经验；对于评价结果欠佳的，则要加强帮扶和指导，促使其尽快提升工作水平。评价结果运用的实效性，决定了目标导向作用能否真正发挥。只有形成评价、反馈、改进的闭环，才能将评价工作的成果内化为思政工作的实际成效。

（二）行为导向

从教师教学行为的规范来看，高校思政教育管理工作质量评价应着重考察教师的教学设计、课堂组织、教学方法等方面。教师需要根据思政课程的特点和学生的实际情况，精心设计教学内容，合理安排教学进度，选择恰当的教学方式，努力实现知识传授与价值引领的有机统一。同时，评价体系还应关注教师在教学过程中的表现，考察其是否言行一致、以身作则，用高尚的道德情操和人格魅力感染学生、塑造学生。只有将这些要素纳入评价范围，才能全面评判教师的教学表现，不断改进教学工作，提高教师教书育人的能力和水平。

从学生学习行为的规范来看，高校思政教育管理工作质量评价应重点考察学生的政治素养、道德品质、法治意识等。评价体系的构建要充分体现思政课程的育人导向，引导学生增强“四个意识”、坚定“四个自信”、做到“两个维护”，自觉将社会主义核心价值观内化于心、外化于行。同时，评价过程中还应注重对学生自主学习和实践活动的考察，激发学生运用所学知识分析问题、解决问题的积极性，提高运用马克思主义立场观点方法认识世界、改造世界的能力。只有将学生的思想品德和实践能力作为评价重点，才能引导其树立正确的世界观、人生观、价值观，促进其全面发展。

（三）资源配置导向

高校思政教育管理工作质量评价能够优化人力、物力、财力等资源的分配，为思政教育管理工作的开展提供坚实保障。高校思政教育管理工作涉及范围广、任务重，需要大量的人力、物力和财力投入。但在现实中，高校资源总是有限的，如何在有限的资源条件下实现思政教育管理工作的高质量发展，是摆在高校管理者面前的一大难题。而科学、合理的质量评价体系为破解这一难题提供了有效途径。

通过建立健全的质量评价体系，高校可以准确把握思政教育管理工作的现状和不足，识别出工作中的薄弱环节和关键问题。在此基础上，高校管理者能够有的放矢地调整资源配置策略，将有限的人力、物力、财力投放到最需要、最关键的领域，实现资源利用率的最大化。例如，质量评价结果显示，思政教育教师的专业素质有待提升，教学方法较为单一，难以调动学生的积极性。针对这一问题，学校可以加大对教师培训的投入，组织教师参加专业能力提升培训，学习先进的教学理念和方法，从而提升教师的教学水平。

二、诊断功能

高校思政教育管理工作质量评价的诊断功能，可以客观反映思政教育管理工作的水平，发现存在的问题与不足。通过对教育教学过程、管理服务状况、师生满意度等方面的多维度评估，质量评价能够全面、准确地呈现思政教育管理工作的实际情况。

诊断功能首先体现在现状评估上。思政教育管理工作涉及方方面面，如思政课教学、主题教育、日常管理服务等。质量评价通过设计科学的评估指标体系，采集各环节的数据信息，可以客观呈现各项工作的开展情况和达成效果。这种基于事实的评估，能够避免主观臆断，为后续工作改进提供可靠依据。同时，横向比较不同部门、不同高校的评估结果，也有助于找出自身的优势和短板，明确努力的方向。

在此基础上，质量评价的问题诊断功能进一步凸显。通过深入剖析评估数据，结合广泛调研和专家诊断，质量评价能够发现思政教育管理工作中存在的突出问题，揭示这些问题产生的原因。例如，评估结果显示，学生对思政课教学的满意度偏低，课堂参与度不高。进一步诊断发现，可能是教学内容脱离实际、教学方式单一所致。诊断功能可以直指问题的关键，为解决问题指明方向。

发挥诊断功能，还需要评价主体的正确态度和良好素养。评价者应秉持客观公正的原则，以发现问题、解决问题为目的。同时，被评价者也要虚心接受诊断结果，主动寻找差距和不足，勇于改进提高。

三、激励功能

（一）正向激励

通过表彰优秀单位和个人，树立榜样，可以形成强大的正向激励效应，推动高校思政教育管理工作不断迈上新台阶。

质量评价是发现和肯定先进典型的重要途径。在评价过程中，一些在思政教育管理工作中成绩突出、经验丰富的单位和个人必然会脱颖而出。单位和个人所取得的优异成绩，往往源于先进的教育理念、科学的管理方法和扎实的工作作风。系统梳理和深入剖析这些优秀单位和个人的成功经验，可以萃取出一套可资借鉴的思政工作范式，为其他高校提供宝贵的参考和启示。同时，对先进典型的表彰和宣传，能够树立鲜明的价值导向，彰显思政教育管理工作的重要性和紧迫性，激发广大高校思政工作者的使命感和责任感。

榜样的力量是巨大的，优秀单位和个人所展现出的昂扬斗志、无私奉献和勇于创新的精神风貌，是激励广大思政工作者砥砺前行的精神动力。通过学习先进典型的事迹，思政工作者能够找到努力的方向和奋斗的目标，进一步坚定理想信念，提升业务能力。尤其是那些在思政教育管理工作中遇到困难和挫折的单位和个人,更能从先进典型身上汲取智慧和力量,重拾信心,攻坚克难。榜样的示范引领作用,将有效带动高校思政教育管理整体工作水平的提升。

表彰先进、树立标杆,能够在全社会营造重视高校思政教育管理工作的浓厚氛围。通过典型事迹报道、经验交流会、表彰大会等多种形式,让先进单位和个人的事迹广为人知,这必将引起全社会对高校思政工作的高度关注和大力支持。在榜样的感召下,越来越多的优秀人才将投身高校思政教育管理事业,为培养社会主义建设者和接班人贡献智慧和力量。随着先进典型群体的不断壮大,高校思政教育管理工作必将迎来蓬勃发展的春天。

(二)反向激励

高校思政教育管理工作质量评价发现的问题,往往反映了思政教育管理工作中存在的薄弱环节和不足之处。这些问题如果得不到及时的整改,势必会影响思政教育管理工作的成效,阻碍学生良好思想品德和价值观的形成。因此,评价结果应当成为思政教育管理工作改进的重要依据和动力源泉。

针对评价中暴露出的问题,高校应树立评价促改进、以评促建的理念,建立健全问题整改的工作机制。首先,要成立以党委书记、校长为组长的整改工作领导小组,统筹规划、组织实施整改方案。其次,要细化整改措施,明确整改责任主体、整改时限、整改目标,确保整改工作落到实处。最后,要加强跟踪问效,适时开展“回头看”活动,评估整改成效。

整改过程中,还应注重发挥师生的主体作用。一方面,要利用座谈会、问卷调查等方式,广泛听取师生对问题整改的意见建议;另一方面,要引导师生积极参与整改,让其在参与中提高认识、凝聚共识。只有师生共同发力,形成整改合力,才能真正扎实推进问题整改,不断提升思政教育管理工作质量。

四、决策与支持功能

(一)信息支持

高校思政教育管理工作质量评价能为决策提供客观、全面的信息支撑,是保障高校思政教育管理工作科学化、精细化的重要基础。质量评价通过系统收集思政教育管理工作的过程性和结果性数据，涵盖思政课程建设、学生思想状况、教师队伍建设、实践育人活动等各个方面，全景式呈现工作开展的现状。这些翔实的数据信息为高校领导全面把握思政教育管理工作的整体态势提供了可靠依据。

质量评价运用科学方法对收集的数据进行处理和分析，揭示思政教育管理工作中的规律性特征和问题所在。评价结果能够反映不同学院、不同年级学生思想动态的差异，找出薄弱环节和突出问题。这为决策者判断形势、把握重点提供了精准的分析视角。

质量评价通过纵向对比和横向比较，为决策者提供了宝贵的参考信息。从纵向角度来看，定期开展质量评价能够连续记录思政教育管理工作的发展脉络，揭示工作成效和问题的动态变化趋势。这为科学研判形势走向、及时调整工作策略提供了重要参考。从横向角度来看，通过与其他高校评价结果的比较，决策者能够准确判断本校思政教育管理工作的相对水平，找出差距和不足，明确努力方向。这种比较分析让决策更加开阔务实。

质量评价对决策的支持作用并不局限于信息供给层面。高质量的评价活动本身就是推动工作改进的有效抓手。评价指标体系的制定凝结了众多专家学者的智慧，体现了思政教育管理工作的应然状态和发展方向。以评价指标为导向开展工作，有助于明确奋斗目标，规范工作流程。而评价过程中师生广泛参与、民主讨论、共同协商的互动模式，对于凝聚共识、营造良好氛围也具有重要作用。可以说，质量评价已经内嵌于高校思政教育管理工作的方方面面，成为助推工作高质量发展的关键环节。

（二）理论支持

思政教育管理工作质量评价作为一项复杂且系统的实践活动，蕴含着丰富的理论内涵。评价实践不只能检验既有理论的科学性和有效性，更能孕育新的理论创新。对评价实践进行理论概括和提炼，可以发现新的规律性认识，形成新的理论命题,进而推动思政教育管理理论的发展和完善。

1. 为理论发展提供现实依据和经验支撑

通过分析评价实践中积累的大量实证数据,可以揭示思政教育管理工作的内在规律,形成新的经验认知。这些真知灼见能够为理论构建提供坚实的现实基础,使理论更有说服力。例如,通过对不同类型高校思政教育管理工作的横向对比评价,可以总结出不同层次、不同类型高校思政教育管理的共性规律和特点差异,进而形成分类指导的理论框架。

2. 推动理论体系的丰富和创新

在评价过程中,实践者往往会遇到理论难以解决的新情况、新问题,这就倒逼理论进行创新发展。通过对实践困境和问题的理论思考,可以发现理论的局限性,进而对原有理论进行补充、修正、完善,甚至构建新的理论体系。例如,伴随高等教育国际化的深入推进,如何评价中外合作办学项目的思政教育管理工作质量成为一个全新的课题。通过探索构建适合中外合作办学特点的评价指标体系和评价方法,可以形成具有国际视野的思政教育管理理论,推动理论的创新发展。

3. 促进理论成果的检验和完善

将理论运用于指导评价实践,可以检验理论的科学性和有效性。实践过程中理论与实际的碰撞,能够发现理论的不足之处,为理论的修正完善提供启示。同时,实践检验也是理论成果转化的重要环节。只有经过实践检验的理论才是成熟的理论,才能转化为推动思政教育管理工作的实际效能。

五、改进与创新功能

(一)改进路径

对于评价中暴露出的突出问题,高校应高度重视,成立专门工作小组深入剖析问题产生的根源，广泛听取一线思政工作者、学生代表的意见建议，查漏补缺，制定切实可行的整改方案。整改过程中要明确责任分工，确保措施落地见效。同时，要建立问题整改台账，动态跟踪整改进度，强化结果运用，建立常态化的改进机制。

针对评价反映的共性问题，高校要系统梳理，提炼规律，探索优化思政工作的长效机制。可借鉴兄弟院校的成功经验，有针对性地开展教育教学改革，创新工作理念、内容、方法和载体。例如，针对思政课教学存在的问题，可以通过集体备课、专题研讨等方式，促进教师教学能力的提升；针对实践育人薄弱的问题，可以整合校内外资源，搭建多样化育人平台，丰富第二课堂活动。

对于评价中反映的特色做法和亮点经验，高校要注重提炼总结，加以推广。通过举办现场会、研讨会等形式，搭建校际交流平台，促进优秀经验的传播和分享。要鼓励先进单位和个人大胆探索、勇于创新，发挥示范引领作用，带动思政工作整体水平的提升。同时，要注重将成功经验转化为理论成果，丰富思政教育管理的学术研究，为工作实践提供理论指导。

（二）创新动力

要充分发挥评价的创新导向作用，就必须转变评价理念，构建以学生发展为本的评价体系。这就要求评价不仅要关注教师的“教”，还要关注学生的“学”，将学生的知识、能力、素质提升作为评判教学质量的根本标准。在评价内容上，要从片面强调知识传授转向知识、能力、素质并重，将学生的思想品德、实践能力、创新精神等纳入评价范畴。在评价主体上，要打破教师“一言堂”，引入学生评教、同行评教等多元评价方式，形成多方参与、多维度考查的立体化评价格局。

科学的评价导向，能够引导教师主动更新教学理念，优化课程设置，创新教学内容。面对新时代大学生的成长需求和思想特点，思政课教师要敢于突破传统的“填鸭式”教学，积极探索启发式、探究式、参与式教学，激发学生的求知欲和好奇心。同时，教师还要紧密联系社会热点和学生关注的现实问题，将抽象的理论知识转化为生动鲜活的案例分析，增强思政课教学的针对性和实效性。在教学方法上,教师要善于运用信息技术手段,开发慕课、微课等在线教学资源,打破思政教育的时空界限。

评价创新不仅能推动教学改革,也能激发学生的内生动力,引导学生成为学习的主人。在科学评价的引领下,学生能够主动将思政小课堂同社会大课堂结合起来,将课内知识同课外实践紧密联系,在亲身参与中认识社会、研究问题、锻炼能力。学生不再是被动的知识接受者,而是学习过程的参与者、实践活动的策划者、知识意义的建构者。这种学习方式,不仅有利于学生对马克思主义基本原理的领悟和把握,更有助于提升学生的综合素质。

第三节　思政教育管理工作质量评价的影响因素

一、政策因素

(一)国家政策导向的影响

国家政策导向为高校思政教育管理工作质量评价创新提供了广阔空间。在国家政策支持下,高校积极探索思政教育评价新理念、新方法,如“五育并举”评价、过程性评价等,努力构建与新时代高校思政教育相适应的质量评价机制,为学生全面发展提供有力支撑。

国家政策导向为高校思政教育管理工作质量评价创造了良好环境。近年来,党和国家大力弘扬社会主义核心价值观,广泛开展理想信念教育,社会各界对高校思政教育的认同感和支持度不断提高。同时,国家加大经费投入力度,改善高校思政教育工作条件,为提升思政教育质量奠定了坚实基础。在国家政策引领下,全社会营造了关心支持高校思政教育的良好氛围,为高校思政教育管理工作质量评价的深入开展提供了有力保障。

国家政策导向是推动高校思政教育管理工作质量评价的重要力量。它明确了评价工作的指导思想和根本任务，规范了评价体系建设标准，推动了评价模式创新，创设了良好的评价环境。只有深入贯彻落实国家政策要求，准确把握政策导向，才能不断提升高校思政教育管理工作质量评价的科学性、针对性和有效性，推动高校思政教育工作高质量发展，培养德、智、体、美、劳全面发展的社会主义建设者和接班人。在新时代新征程上，高校思政教育工作者要进一步增强"四个意识"、坚定"四个自信"、做到"两个维护"，始终坚持正确政治方向，自觉用习近平新时代中国特色社会主义思想武装头脑、指导实践，深入贯彻党的教育方针，坚持不懈推进高校思政教育管理工作质量评价体系建设，为实现高等教育内涵式发展、全面提高人才培养质量做出更大贡献。

（二）地方政府政策支持的推动

地方政府通过出台相关政策法规，为高校思政教育管理工作质量评价提供了制度基础和法律依据。一系列规范性文件的颁布，明确了评价工作的目标原则、组织实施、结果运用等各个环节，使评价工作有章可循、有据可依。同时，这些政策也对参评高校提出了明确要求，规范了其思政教育管理工作，为开展质量评价奠定了坚实的工作基础。

地方政府通过加大投入力度，为高校思政教育管理工作质量评价提供了必要的物质保障。评价工作的有效开展离不开人力、物力、财力等方面的支持。地方政府通过设立专项经费，用于支持评价活动的组织实施、评价队伍的培训与管理、评价结果的宣传与应用等，为评价工作的顺利推进提供了有力支撑。与此同时，政府还通过加强评价专业队伍建设，组建由思政教育专家、管理学者、一线工作者等组成的高水平评价团队，从专业角度把握评价工作方向，提升评价工作的科学性与专业性。

地方政府对高校思政教育管理工作质量评价的重视与支持，体现在评价结果的充分运用上。政府通过将评价结果作为高校思政教育管理工作考核的重要依据，将其与资源配置、绩效考核、荣誉表彰等挂钩，建立"以评促建、以评促改、评建结合、重在建设"的工作机制，调动了高校参与评价、加强管理的积极性。

同时,政府还注重发挥评价的导向作用,通过宣传推广先进经验和成功做法,引导高校加强交流学习,提升思政教育管理工作的整体质量。

地方政府还发挥协调联动作用,推动高校思政教育管理工作质量评价与其他评价工作的有效衔接。高校思政教育管理工作质量评价不是孤立存在的,它与高校整体办学评估、学科评估、专业认证等评价工作相互关联、相互影响。地方政府通过加强统筹规划和顶层设计,明确各类评价的定位和侧重点,促进评价标准和程序的有效对接,形成了“分类指导、协同推进”的工作格局。这不仅提高了评价工作的针对性和有效性,也为高校思政教育管理工作创造了良好的外部环境。

(三)高校内部政策制度的规范和保障

高校内部的政策制度是保障思政教育管理工作质量评价有效运行的重要基石。科学合理的政策制度能够为质量评价提供制度保障,规范评价行为,提高评价的科学性和可操作性。

高校应制定明确的质量评价政策,将思政教育管理工作质量评价纳入学校整体发展规划和年度工作计划,赋予其应有的战略地位和制度权威。质量评价政策要明确评价目的、原则、内容、标准、程序等关键要素,为评价工作提供基本原则。同时,评价政策还应体现以人为本、关注过程、注重反馈等现代教育评价理念,引导评价工作科学有序开展。

高校需制定配套的质量评价制度,进一步细化评价政策的内容和要求。评价制度应覆盖思政教育管理工作的各个方面,包括思想政治理论课教学、日常思想政治教育、党团和班级建设、心理健康教育、网络思想政治教育等,形成全面系统的制度体系。评价制度要明晰评价主体的职责权限,规范评价流程和评价方法,细化评分标准和评价指标,确保评价过程规范有序、评价结果客观公正。

高校应完善质量评价的激励约束机制,充分调动各方参与评价的积极性。要建立科学的考核评价和奖惩机制,将评价结果与绩效考核、职称晋升、评优评先等挂钩,激发思政教育管理工作者的工作热情和创新动力。同时,要加强评价结果运用,根据评价情况及时完善思政教育管理工作,形成评价、反馈、改进的良性循环。

高校需加强质量评价队伍建设,提升评价的专业化水平。要遴选政治素质高、业务能力强的人员组建专门的评价队伍,并给予必要的专业培训,提高其政策理论水平和评价实践能力。评价队伍要严格恪守职业操守,遵循客观公正的原则,确保评价工作的权威性和公信力。

二、组织因素

(一)高校党委领导重视程度的决定性作用

高校党委对思政教育管理工作质量评价的重视程度直接决定了评价工作能否取得实质性成效。一个深刻认识评价工作重要性、高度重视评价结果运用的党委领导班子,必将为思政教育管理工作质量评价提供强有力的政治保证和组织保障。

高校党委应将思政教育管理工作质量评价纳入学校整体工作布局,把握评价工作的正确政治方向,确保评价工作始终朝着正确的方向前进。同时,高校党委要充分发挥领导核心作用,统筹协调各方资源,调动各部门积极性,形成评价工作的整体合力。特别是要加强对评价指标体系构建、评价方案设计、评价过程实施等关键环节的领导,确保评价工作的科学性、系统性和可操作性。

评价结果的有效运用是检验高校党委重视程度的关键所在。高校党委要建立健全评价结果反馈和应用机制,将评价结果作为推动思政教育管理工作改进的重要依据。对于评价中发现的问题和不足,党委要高度重视,深入分析原因,及时采取针对性措施加以改进;对于评价中出现的先进经验和优秀做法,党委要总结提炼,加以推广,发挥示范引领作用。只有不断强化成果运用,才能真正将评价工作的成效体现在推动思政教育管理工作高质量发展上。

高校党委的领导重视程度还体现在营造良好的评价工作氛围上。党委要树立质量意识和评价意识,引导师生认识评价工作的重要意义,自觉参与、积极支持评价工作。要完善评价工作的信息公开和社会监督机制，提高评价工作的透明度，接受师生和社会各界的监督。要建立科学合理的评价工作激励机制，调动评价主体的积极性和创造性，营造求真务实、积极向上的评价工作氛围。

（二）管理部门组织架构和管理体系的影响

思政教育管理部门的组织架构和管理体系是影响高校思政教育管理工作质量评价的重要因素。科学合理的组织架构能够优化资源配置，提高工作效率和质量；完善的管理体系则有利于规范工作流程，加强过程监控和绩效考核。

从组织架构的角度来看，高校思政教育管理部门通常设置有专门的领导机构，下设若干职能科室，负责思想政治教育、党团建设、学生事务管理等方面的工作。这种条块结合、分工明确的组织架构有利于发挥各自优势，形成工作合力。但同时也要注意防止出现职能交叉、责任不清等问题。因此，在设置组织机构时，要立足学校实际，借鉴其他高校的成功经验，并根据工作需要适时调整和优化。

管理体系则涉及制度建设、队伍建设、信息化建设等诸多方面。首先，要根据上级要求和学校实际，制定完善的思政教育管理制度，明确工作目标、内容、流程和考核标准，做到有法可依、有章可循。其次，要加强思政教育管理队伍建设，选拔政治素质过硬、业务能力突出的干部，并注重教育培训和实践锻炼，不断提升队伍的专业化水平。最后，要积极推进信息化建设，整合各类数据资源，开发智能化管理平台，实现思政教育管理工作的精准化和智能化。

完善的管理体系是保证思政教育管理工作高质量开展的重要支撑。它能够有效规避随意性和盲目性，提高决策的科学性；能够强化过程监控和绩效考核，促进工作落实和目标达成；能够加强资源整合和信息共享，提升管理的针对性和实效性。因此，高校应高度重视思政教育管理体系建设，加强顶层设计和系统谋划，构建科学规范、运行高效的管理体系。

（三）相关职能部门协同配合的促进作用

思政教育管理工作涉及范围广、任务重，单靠思政部门难以全面落实各项工作。只有发挥组织、宣传、学工、团委、心理健康教育中心等部门的协同效应，形成工作合力，才能确保思政教育管理工作质量评价的科学性、客观性和有效性。

组织部门在党建引领下，通过加强基层党组织建设，发挥党支部战斗堡垒作用和党员先锋模范作用，为思政教育管理工作质量评价提供坚强的政治和组织保障。宣传部门立足思想引领，通过校园文化建设、主题教育等方式营造良好氛围，为思政教育管理工作质量评价创设积极向上的舆论环境。学生工作部门作为学生思想政治教育和管理服务工作的职能部门，通过日常思想动态调研、学业指导帮扶、心理健康教育等，为思政教育管理工作质量评价提供大量一手资料和数据支撑。团委作为引领青年学生成长成才的重要阵地，通过组织主题团日活动、志愿服务、社会实践等，引导青年学生践行社会主义核心价值观，用实际行动检验思政教育管理工作成效。心理健康教育中心通过心理健康教育、咨询服务等方式，及时发现和干预学生的心理问题，促进学生身心健康发展，为思政教育管理工作质量评价提供重要参考。

高校各职能部门在思政教育管理工作质量评价中的协同配合，不只体现在日常工作的互联互通、信息共享上，更体现在育人理念的凝聚共识、目标同向发力上。通过定期召开联席会议，加强工作统筹协调，及时研判学生思想动态，各部门形成了“党委统一领导、党政齐抓共管、职能部门分工协作”的工作格局，构建了全员、全过程、全方位育人的“大思政”工作体系。在此基础上，学校制定出台了思政教育管理工作质量评价实施方案，明确了评价的指导思想、基本原则、主要内容和实施步骤，为各职能部门分兵把口、各司其职提供了方向。评价过程中，各职能部门严格对标对表，围绕立德树人根本任务，聚焦思政教育教学改革、日常管理服务、实践育人成效等方面，通过听课走访、问卷调查、个别访谈等方式，全面系统地收集整理相关数据资料，客观评价工作成效。

三、人员因素

（一）思政教育管理队伍专业素质的直接影响

思政教育管理队伍的专业素质是影响高校思政教育管理工作质量评价的关

键因素。高校思政教育管理工作的对象是学生这一特殊群体,工作内容涉及学生的思想政治教育、日常管理、心理健康辅导等多个方面。这就要求从事该项工作的人员不仅要具备扎实的教育学、心理学、管理学等多学科知识,还需具备较强的工作实践能力。只有专业素质过硬的工作队伍,才能真正将思政教育落到实处,引导大学生树立正确的世界观、人生观和价值观。

高校要建立健全思政教育管理队伍专业化发展的长效机制;要加大人才引进力度,择优选拔一批政治素质高、业务能力强的优秀人才充实到思政教育管理队伍中;要完善专业培训体系,有计划、分层次地开展理论培训和实践锻炼,切实提高队伍的整体水平;要创新培养模式,鼓励思政教育管理人员在职攻读学位,参与课题研究,加强与相关学科领域的交流合作。

(二)学生参与度和反馈的重要参考价值

学生不只是思政教育管理的对象,更是教育活动的参与者和建设者。学生的主观感受、实际需求和发展诉求,都应成为衡量工作成效的关键指标。只有充分调动学生的主动性,鼓励其积极参与到思政教育管理的各个环节,认真听取他们的意见建议,教育工作才能做到有的放矢、精准施策。

从参与度来看,学生对思政教育管理工作的参与度直接影响着工作的针对性和实效性。高校应创新工作方式方法,拓宽学生参与渠道,激发其参与热情。例如,可以通过组织主题班会、召开学生代表座谈会等形式,鼓励学生畅所欲言,表达真实想法;可以发动学生参与策划和组织思政教育活动,培养其主人翁意识和责任担当。学生参与度的提升,不仅有助于思政教育管理工作更加贴近学生实际,也能促进其自我教育、自我管理、自我服务能力的提高。

从反馈来看,学生对思政教育管理工作的评价和反馈是检验工作成果的重要尺度。高校应建立健全学生反馈机制,拓宽反馈渠道,积极听取学生的意见建议。定期开展学生满意度调查,是了解学生需求、发现工作不足的有效途径。调查结果能够为思政教育管理工作的改进完善提供可靠依据。同时,日常的师生交流互动也要注重收集学生反馈。辅导员、班主任等应与学生保持密切沟通,及时掌握他们对教育管理工作的想法和建议。学生的真实反馈能够帮助教育工作者及时发现问题、改进不足，不断提升工作的科学化、精细化水平。

学生参与度和反馈还能够反映出思政教育管理工作的吸引力和感染力。教育内容是否贴近学生实际，教育方式是否符合学生特点，都会影响学生的参与热情和获得感。因此，在设计教育活动时，要充分考虑学生的兴趣爱好和接受习惯，提高教育的趣味性和互动性。只有以学生为中心，把握学生身心发展规律，思政教育才能达到润物无声的育人效果。

四、技术因素

现代信息技术的迅猛发展为思政教育管理工作质量评价带来了新的契机和挑战。一方面，大数据、人工智能、云计算等前沿技术为思政教育管理工作质量评价提供了强大的技术支撑，使评价过程更加高效、精准、智能化；另一方面，网络化、数字化、智能化的新环境也对思政教育管理工作质量评价提出了新的要求，亟须创新评价理念、优化评价方法、拓展评价维度。

在大数据时代背景下，海量的数据资源为思政教育管理工作质量评价奠定了坚实的基础。通过采集、整合、分析师生在日常教学、管理、服务等方面的数据，可以多角度、全方位地评估思政教育管理工作的成效。例如，利用学生在线学习平台的数据，分析学生思想动态、学习状况、价值取向等，为思政教育教学改革提供针对性建议；利用辅导员工作日志、谈心谈话记录等数据，评估思政工作者的工作绩效和育人成效；利用校园网、官微官博等平台的数据，了解师生对学校思政教育管理工作的满意度和意见建议。大数据技术的运用，使思政教育管理工作质量评价更加立体、精准、全面。

人工智能技术的发展为思政教育管理工作质量评价插上了腾飞的翅膀。机器学习、自然语言处理、知识图谱等人工智能技术可以辅助开展思政教育管理工作质量评价，提升评价的效率和智能化水平。例如，利用自然语言处理技术分析师生的言论数据，自动识别、提取、分类涉及思政教育的关键词，把握师生思想动态；利用知识图谱技术构建思政教育管理工作质量评价指标体系，实现评价要素的关联挖掘和多维展示；利用机器学习算法建立思政教育管理工作质量评价模型，实现评价过程的自动化和智能化。人工智能技术与思政教育管理工作质量评价的深度融合，为提升思政教育管理工作质量、加强和改进高校思想政治工作提供了新的路径。

云计算技术为思政教育管理工作质量评价搭建了一个开放共享的平台。利用云计算技术，可以整合多源异构的数据资源，实现数据的集中存储、管理和分析；可以打破时间、空间的限制，实现不同地区、不同高校之间思政教育管理工作质量评价数据的共建共享；可以根据评价需求灵活调配计算资源，满足不同规模、不同层次的评价需求。借助云计算技术搭建的思政教育管理工作质量评价云平台，高校、主管部门、评价机构等可以充分共享优质资源，开展协同评价，形成评价合力，推动形成科学化、规范化、常态化的质量评价机制。

五、环境因素

（一）社会与舆论环境的外部影响

社会环境的变化会给高校思政教育管理工作带来新的机遇和挑战。当前，我国正处于全面建设社会主义现代化国家的关键时期，国家发展的新形势、社会变革的新特点，都对高校思政教育管理工作质量提出了更高要求。高校必须准确把握时代脉搏，主动适应社会发展需要，不断创新工作理念和方式方法，才能确保思政教育管理工作与时俱进、提质增效。

社会舆论环境对高校思政教育管理工作质量评价具有导向作用。在信息高度发达的今天，高校已经成为社会关注的焦点，其办学理念、管理水平、育人成效等都在舆论监督之下。积极健康、导向正确的舆论环境，有利于营造全社会关心支持高校思政教育的良好氛围，为高校思政教育管理工作质量评价提供有力支撑。反之，错误的舆论导向会对高校思政教育管理工作质量评价产生消极影响，甚至误导社会公众，给高校办学带来压力。因此，高校要高度重视社会舆论引导，主动发声、积极作为，通过多种渠道加强与社会各界的沟通交流，争取得到社会各界的理解和支持，创设有利于思政教育管理工作的良好外部环境。

（二）校园文化氛围对质量提升的内在促进

优秀的校园文化能够凝聚师生的价值共识，形成思想引领的强大合力。校园文化所倡导的价值理念和道德规范，直接影响师生的思想动态和行为取向。当校园文化与社会主义核心价值观相契合，与立德树人根本任务相呼应时，就能够潜移默化地引导师生坚定理想信念，将个人发展与国家命运紧密相连。这种价值引领功能，正是思政教育管理工作的应有之义。因此，以社会主义核心价值观为引领，着力构建富有时代精神、彰显大学精神的校园文化，对于推动思政教育管理工作与时俱进、提质增效具有重要意义。

生动活泼的校园文化能够激发师生的积极情感，营造昂扬向上的育人氛围。一所大学的校园文化，不只体现在物质层面的校园环境、文化设施等，更体现在精神层面的人文气息、学术氛围、创新风尚等。这些无形的力量，对师生的情感体验和价值追求有潜移默化的影响。当校园文化富有感染力、吸引力时，就能够增加师生对学校的认同感和归属感，激发其对美好校园生活的向往和追求。这种积极情感，既是开展思政教育的情感基础，又是推动管理工作的重要助力。因此，注重培育健康向上、温馨和谐的校园人际关系，开展丰富多彩、格调高雅的校园文化活动，对于增强思政教育的亲和力、感染力，营造良性互动、协同育人的管理氛围至关重要。

第二章　高校思政教育管理工作质量评价指标体系的构建

第一节　评价指标体系的构建原则

一、科学性原则

（一）内涵

科学性原则是指评价指标体系的设计要符合思政教育管理工作的内在规律和本质特征。科学性原则要求评价指标体系能够准确反映思政教育管理工作的目标导向、过程特点和效果呈现，与思政工作的逻辑起点、推进路径、价值追求相契合。

要体现科学性，评价指标的选取必须全面，既要考虑思政教育的育人目标，又要兼顾管理工作的规范要求；既要关注显性的教育教学活动，又要重视隐性的环境熏陶和文化浸润；既要衡量思政工作的过程投入，又要考查学生成长的效果产出。唯有如此，才能较为完整地覆盖思政教育管理工作的关键要素，客观评价其运行质量。

科学性原则强调评价指标体系的层次要清晰，布局要合理。一个科学的评价指标体系通常由目标层、准则层、指标层等构成，各层次之间要有机衔接、逻辑递进。目标层代表评价的总体导向，准则层体现评价的基本维度，指标层则是对准则层的进一步细化和量化。只有厘清各层次的内在联系，搭建系统完整的指标框架，评价工作才能有的放矢，不致陷入碎片化、表面化的误区。

科学性原则对指标的权重设置提出要求。在实际评价中，不同指标的重要性存在差异,因此需要赋予它们合理的权重。权重的确定要综合考虑指标的重要程度、评价的侧重点等因素,既要体现思政工作的主要矛盾和关键环节,又要兼顾各项工作的均衡发展。只有科学合理的赋权,才能准确得出每个指标对总体目标的贡献度,提高评价结果的有效性和公信力。

(二)重要性

评价指标体系的科学性直接关系到评价结果的准确性、客观性和公正性,进而影响评价工作的实效性和权威性。

高校思政教育管理工作是一项复杂的系统工程,涉及思想教育、管理服务、环境营造等多个方面。要全面评价其质量,就必须构建一套涵盖各个领域、各个环节的指标体系。这就要求指标的设置要全面,既要考虑思政教育的针对性和实效性,又要兼顾管理服务的规范性和人文关怀;既要关注显性的工作绩效,又要重视隐性的价值引领。只有实现指标设置的全面性、系统性,才能确保评价不遗漏、不偏颇,客观反映工作的整体面貌。

指标设置的全面性、系统性虽然重要,但最为关键的在于保证每一项具体指标的科学性、可测性。一方面,每项指标的内涵界定都要符合思政教育管理工作的特点和规律,既要契合国家政策导向,又要立足学校实际,切忌照搬照抄、生搬硬套。另一方面,指标的设计要可操作、可考核,尽量选取具体、直观、易于测量的行为或状态作为评价要素。另外,还要将定性指标和定量指标有机结合,软指标和硬指标相互补充。只有做到这些,才能最大限度地控制评价过程的随意性和主观性,保证评价的一致性和可比性。

科学的评价指标体系还必须赋予适当的权重。不同指标对于反映总体目标的贡献程度不同,其在整个评价体系中的重要性也就有所差异。为了使评价结果更加准确,切合工作实际,应根据各项指标的轻重缓急,运用科学的方法合理分配权重。权重的设置要充分考虑指标自身的重要程度,以及与其他指标的关联度,既不能平均分配,也不能过于悬殊。通过合理的权重赋值,可以进一步增强指标体系的逻辑性和说服力,引导评价重心向关键领域、关键环节倾斜。

二、系统性原则

(一)内涵

系统性原则要求评价指标体系至少应涵盖思想政治教育管理工作的主体、客体、载体、环境等基本要素。其中,主体要素主要指工作团队建设,包括思想政治教育队伍的专业化水平、师德师风、理论素养等;客体要素主要指教育对象的思想政治状况,包括理想信念、价值取向、道德品质、法治意识、心理健康水平等;载体要素主要指开展工作所依托的组织、制度、资源等,党团组织建设、制度体系建设、教育阵地建设等;环境要素主要指影响工作开展的外部因素,包括学校办学定位、专业特点、生源状况等。只有将这些要素有机结合,形成完整的评价指标链,才能真正体现思想政治教育管理工作的内在规律和整体性特征。

系统性原则要求评价指标体系既要"纵向到底",又要"横向到边"。"纵向到底"意味着要将学校、院系、支部、个人等不同层面的评价指标有机衔接,形成上下贯通的指标链条;"横向到边"意味着要兼顾显性工作和隐性工作、正面评价和负面评价、定量指标和定性指标,确保评价全面客观、不偏不倚。这种纵横交织、双向评价的设计理念,有助于提高评价的信度与效度,激励各层面、各部门协同配合,形成工作合力。

系统性原则意味着动态发展、与时俱进。高校思想政治教育管理工作必须主动适应新时代新要求,不断拓展工作内容,创新工作方式。评价指标体系作为工作的"指挥棒"和"风向标",也应该进行相应的动态调整,及时纳入新情况、新问题、新任务,吸收借鉴先进理念、成功经验,保持旺盛的生命力。这就要求教育工作者具备发展眼光、变革意识,既立足当前又着眼长远,在继承中发展,在发展中创新,使评价指标体系始终成为推动管理工作与时俱进的内生动力。

(二)必要性

系统性原则要求评价指标体系能够全面反映高校思政教育管理工作的内容

和要求。思政教育管理工作通常包括理想信念教育、党团和班级建设、学风建设、心理健康教育、网络思想政治教育及校园文化建设等多个方面。这些工作相互关联,互为依托,缺一不可。理想信念教育是思政工作的灵魂,党团和班级建设是开展思政教育的重要载体,学风建设关系到学生成长成才,心理健康教育关乎学生身心发展,网络思想政治教育是应对信息化时代挑战的必然要求,校园文化建设在润物无声中对学生价值观产生影响。只有将这些内容有机结合、统筹考虑,设置科学合理的评价指标,才能准确评估工作实效。

系统性原则强调要从思政教育管理工作的各个层面设置评价指标。高校思政工作大体可分为决策层、管理层和操作层。决策层负责顶层设计,制定思政工作的目标、政策和总体要求;管理层负责将决策层的部署转化为具体举措,指导和督促基层开展工作;操作层则直接面向学生开展教育引导。评价指标的设置要兼顾这三个层面,既要评价决策的科学性、管理的有效性,也要考察一线工作的针对性和实效性。

由于高校思政教育管理工作涉及诸多部门,如党委宣传部、学生工作部、团委、教务处、心理健康教育中心等,因此需要各部门密切配合,形成合力。而评价指标如果按照条块分割的思路设置,容易割裂工作的内在联系,无法反映协同配合的情况。因此,系统性原则还要求评价指标的设置能够引导和促进部门协作,推动形成思政工作的整体合力。

三、可操作性原则

可操作性原则要求评价指标设置要避免过于宏观、抽象或模糊的表述,而应采用细化、具体、可测量的描述方式。例如,在评价学生的学习态度时,不能笼统地使用“端正学习态度”这一指标,而应细化为“按时上课出勤率”“课堂参与度”“作业完成质量”等可观察、可度量的具体指标。这样,评价主体才能根据学生的实际表现,客观地进行打分或等级划分。

可操作性原则要求评价指标设置应充分考虑数据采集的可行性。在确定评价指标时,需要综合考虑采集数据所需的人力、物力、财力等资源条件,选择易于获取、成本较低的数据采集方式。如果指标设置过于理想化,导致数据采集难度大、成本高,那么即使指标本身设计合理,也难以在实践中有效应用。因此,设计者应深入一线调研,了解数据采集的实际情况,力求在科学性和可操作性之间取得平衡。

可操作性强的指标有助于评价工作的规范化和程序化。明确的指标让评价主体能够依据统一的标准开展工作,减少主观随意性,提高评价的一致性和可比性。同时,可操作的指标也为自评、互评、他评等多元评价方式提供了可能,有利于评价机制的创新和完善。

可操作性强的指标能够为思政教育管理工作的改进提供明确方向。通过对可操作指标的跟踪监测,管理者能及时发现工作中的薄弱环节,有针对性地调整和优化管理举措。例如,通过"学生对思政课程满意度"这一指标,就能推动教师优化教学内容和方法,提升课程的吸引力和有效性。

四、动态性原则

动态性原则要求高校思政教育管理工作质量评价指标体系必须紧跟时代步伐,立足思政工作实际,根据内外部环境的变化进行及时调整和完善。从内部环境来看,高校思政教育的内容、方式、载体等都处于不断创新和优化的过程中。例如,思想政治理论课作为思政教育的主渠道和主阵地,其教学内容和方法正在加速变革,综合运用讲授式、讨论式、案例式、情景式等多种教学形式,大力推进信息技术与教学深度融合,不断增强教学的吸引力和感染力。与之相适应,思政教育管理工作质量评价指标体系也应当及时纳入教学创新、信息化建设等内容,建立相应的考核机制,以推动思政课程和教学方式现代化。

动态调整高校思政教育管理工作质量评价指标体系,一方面要遵循思政教育发展的内在规律,立足教学一线,聚焦立德树人根本任务;另一方面要主动顺应时代要求,积极回应社会关切,将思政工作放在国家发展大局中谋划和推进。调整的着力点应聚焦思想引领、价值塑造等关键环节,将马克思主义理论教育、社会主义核心价值观培育、学生全面发展贯穿始终。调整的基本路径是在系统总结实践经验基础上，组织专家学者深入调查研究，广泛听取师生、家长、社会各界意见，按照科学性、系统性、可操作性要求，制定切合实际、易于量化考核的评价指标。调整的制度保障是建立健全评价指标体系动态更新机制，明确调整的决策机构、启动流程、实施周期等，并做好宣传解读，营造良好氛围，确保评价指标体系修订工作规范有序、有的放矢。

高校思政教育管理工作质量评价指标体系只有做到与时俱进、常抓不懈，拓展动态化设计思维，内化系统化建构理念，外引多元化吸纳路径，才能走在前列、推陈出新，成为激励广大教师和教育工作者不断前行、引领学生健康成长的“指挥棒”和“风向标”。动态完善评价指标体系的过程，也是高校思政教育守正创新、提质增效的过程。唯有把准时代脉搏，创新体制机制，优化考核指标，才能推动高校思政工作高质量发展，为培养德、智、体、美、劳全面发展的社会主义建设者和接班人提供坚实保障。

五、导向性原则

导向性原则要求评价指标体系的设计要能够体现正确的价值取向，引导思政工作朝着健康、积极的方向发展。这种导向性不只局限于指标设置本身，更深层次地体现在指标所蕴含的教育理念和育人导向上。

一个科学合理的评价指标体系，应当以社会主义核心价值观为引领，深入贯彻党的教育方针，落实立德树人根本任务。设置的每一个指标都应体现对学生全面发展的关注，对学生思想品德、政治觉悟、道德品质的高度重视。通过系统设计、合理权重，引导教育工作者将更多精力投入学生世界观、人生观、价值观的塑造上，帮助学生筑牢理想信念之基、把稳思想之舵。

优秀的评价指标体系还应彰显以人为本、因材施教的教育理念。它既要对思政教育管理工作提出明确要求，又要充分考虑不同高校、不同学生群体的特点和需求，为因地制宜、分类指导留出空间。这就要求评价指标设置要有一定的弹性和包容度，既不能过于刚性死板，也不能过于空泛笼统。在尊重规律、鼓励创新的同时，引导教育工作者关注每个学生的成长，用心做好思政工作。

导向性原则要求评价指标体系必须紧跟时代步伐,主动回应新形势新任务新挑战。当前,高校思政工作正面临着学生价值观多元多变、信息技术迅猛发展等新形势。评价指标体系要敏锐捕捉、及时反映这些变化,引导思政工作创新理念、丰富手段、改进方法,更好地适应时代要求。例如,可以设置加强网络思政工作、提高学生媒介素养等指标,引导思政教育向网络空间延伸;可以设置加强心理健康教育、提高学生抗逆力等指标,引导思政工作关注学生的心理需求。唯有不断与时俱进,评价指标才能激发思政工作的生机活力。

第二节 评价指标体系的具体内容

一、思政教育目标与计划指标

科学设定思政教育目标,精心制订教育计划,是做好思政教育管理工作的前提。思政教育目标是指通过思政教育活动,在一定时期内要达到的育人目的和培养规格,它体现了学校的办学理念,反映了社会对人才培养的要求。只有目标明确,才能为思政教育工作提供明确方向和规范要求,为制订科学合理的教育计划和评价方案提供依据。

思政教育目标的设定需要遵循党和国家的教育方针,体现社会主义核心价值观,契合学校的办学定位和人才培养目标。它既要立足学生的实际,充分考虑不同专业、不同年级学生的特点和需求,又要紧跟时代发展步伐,及时吸收和借鉴先进思想和教育理念。只有做到定位准确、内容丰富、导向鲜明,思政教育目标才能发挥应有的引领和规范作用。

教育目标的实现取决于教育计划的科学制订和有效执行。思政教育计划是为实现教育目标而制订的行动方案和实施路径,它涵盖了课程设置、教学安排、实践活动、考核评价等诸多方面。教育计划的制订需要充分考虑学生的认知规律和接受特点,遵循思想政治教育工作的基本规律,体现思想性、针对性和实效性的统一。在内容设计上,既要包括理论教学,又要注重社会实践;既要重视显性教育，又要挖掘隐性教育资源。在形式选择上，既要发挥课堂主渠道作用，又要拓展第二课堂和网络新媒体平台。只有做到全员参与、全过程育人、全方位渗透，思政教育计划才能不断深化细化，提升学生的综合素养。

二、思政教育内容与方法指标

（一）内容科学性与时代性

科学性要求思政教育内容必须以马克思主义为指导，全面贯彻党的教育方针，深入落实立德树人根本任务。这就需要系统梳理马克思主义基本原理，将其与中国特色社会主义理论体系相结合。同时，思政教育内容还应体现鲜明的问题意识和理论品格，聚焦学生成长发展中的重大问题，用科学理论分析和化解学生的思想困惑，以理服人、以理化人。

时代性要求思政教育内容必须紧跟时代步伐，将社会主义核心价值观贯穿教育教学全过程。在实践中，高校应积极探索将社会主义核心价值观融入思政课程、专业课程和日常管理的有效路径，引导学生将其内化于心、外化于行。此外，高校还应主动对接国家战略和区域发展需求，将“一带一路”建设、乡村振兴等重大战略任务纳入思政教育，培养学生的家国情怀和使命担当。

科学性和时代性相辅相成，不可偏废。唯有根植于马克思主义科学理论，紧密结合时代发展和国家需要，思政教育内容才能真正发挥育人功效。为此，高校思政教育工作者必须坚持问题导向、守正创新，不断推进思政教育内容的优化和升级。一方面，要加强教材体系建设，组织专家学者系统研发体现科学性、时代性的高校思政教材；另一方面，要创新教学方式方法，综合运用理论学习、实践体验、典型示范等多种途径，提升思政教育的吸引力和感染力。

（二）方法多样性与实效性

随着时代的发展和学生需求的变化，传统的灌输式、说教式的思政教育方法已经难以适应新形势下学生的特点和需要。为了提高思政教育的针对性和有效性，教育工作者必须积极创新教育方法，采取多种形式，增强教育的吸引力和感染力。

在方法的选择上，教育工作者应该坚持以学生为中心，遵循教育规律，因材施教。对于不同专业、不同年级、不同性格特点的学生，应该采取不同的教育方法。例如，对于低年级学生，可以多采用讨论式、参与式的教学方法，通过小组讨论、角色扮演等形式，调动学生的主动性和积极性；对于高年级学生，可以多采用案例分析、社会实践等方法，引导学生运用所学知识分析和解决实际问题。同时，还应该注重挖掘思政教育资源，充分利用信息技术手段，增强教育的趣味性和时代性。

在实施过程中，教育工作者要加强与学生的沟通和互动，及时了解学生的思想动态和学习需求，有针对性地开展教育。要注重发挥学生的主体作用，鼓励学生参与教育过程。此外，还要加强教育效果的考核和反馈，建立科学的评价机制，及时总结经验，改进方法。

提高思政教育方法的实效性，还需要加强队伍建设，提升教育工作者的业务能力和综合素质。教师要加强理论学习，深入实际调研，不断更新知识结构，拓宽教育视野。要加强教学研究，探索符合学生特点、适应时代要求的教育方法。要强化责任意识，以高度的使命感和责任感投身教育工作，以身作则，用自己的言行感染和引导学生。

三、思政教育资源与条件指标

思政教育资源与条件包括思政教育的师资队伍、课程体系、教材建设、实践资源、网络平台等多个方面。一所高校的思政教育资源与条件的优劣，直接影响着思政教育工作的质量和成效。

(一)师资队伍

思政教育工作的对象是学生，他们正处于世界观、人生观、价值观形成的关键时期,思想活跃,个性鲜明。这就要求思政教育工作者不仅要具备扎实的马克思主义理论功底和深厚的人文社会科学知识,还要具有较强的教学技能和工作能力,善于运用互联网等现代信息技术手段开展工作。目前,许多高校都在大力加强思政教育师资队伍建设,通过选拔骨干、培养新人、引进人才等措施,建设一支政治坚定、业务精湛、结构合理、充满活力的高素质专兼职思政教育工作队伍。

(二)课程体系

思政理论课是高校思政教育的主渠道和主战场,肩负着对学生进行系统的马克思主义理论教育、思想政治教育和价值引领的重要职责。近年来,教育部大力推进思政理论课教学改革创新,提出要打造“金课”,全面提高思政理论课的亲和力和针对性。各高校积极落实教育部要求,围绕习近平新时代中国特色社会主义思想这一主线,结合学校办学定位和学生特点,完善思政理论课课程设置,创新教学内容和教学方法,增强思政理论课的吸引力和感染力。同时,高校还应开发充实包括形势与政策、中国特色社会主义理论体系概论、马克思主义基本原理概论等在内的必修课程,以及研讨课、讲座、社会实践等多种类型的选修课程,构建全面覆盖、分类指导、务实管用的思政教育课程体系。

(三)教材建设

教材是教学内容的集中体现,直接影响着教学质量。长期以来,我国高校思政理论课教材存在着内容陈旧、脱离实际、缺乏吸引力等问题。为此,教育部组织开展了全国重点马克思主义学院教材、马工程重点教材等一系列高校思政理论课教材建设工程,编写出版了一大批高质量教材。这些教材紧密结合经济社会发展新形势和学生成长成才新需求,在教学内容、呈现方式等方面进行了改革创新,受到广大师生欢迎。各高校应在使用国家统编教材的基础上,鼓励和支持本校教师结合学校实际编写特色教材,开发体现学校办学理念和特色的案例教程,更好地满足学生的差异化需求。

(四)实践资源

思政教育不能停留在课堂和书本上,必须走向社会,走进学生的现实生活。当代学生思想活跃、实践性强,渴望通过亲身体验去认识世界。高校要充分利用各类思政教育实践基地,如红色景区、爱国主义教育基地、廉政教育基地等,组织学生开展社会调研、志愿服务等实践活动,引导学生在实践中接受教育、在实践中成长进步。要积极创新实践育人机制,构建“课堂教学+社会实践”的立体化思政教育模式,让思政教育入脑入心。

(五)网络平台

当代学生成长在网络时代,已经习惯于利用网络获取资讯、交流互动。这就要求高校思政教育工作必须主动占领网络阵地,运用学生喜闻乐见的表达方式,及时发布权威信息,传播主流价值,引导社会舆论。要加强思政教育网络平台建设,打造内容丰富、形式多样的网络思政教育矩阵。既要充分利用微博、微信、QQ 等学生常用的社交媒体,建立思政教育新媒体矩阵,构建“润物细无声”的日常思政教育体系;也要依托学校思政教育专门网站,集聚优质思政教育资源,开展专题教育和主题实践活动。

四、思政教育管理与组织指标

科学、规范、有效的管理与组织是保证思政教育工作顺利开展、实现预期目标的基础和前提。在思政教育管理与组织中,需要重点关注以下四个方面。

(一)健全的领导体制

高校党委要将思政教育工作纳入学校改革发展的总体规划,成立由书记、校长任组长的思政教育工作领导小组,加强对思政教育工作的统一领导。同时,建立健全党委统一领导、党政工团齐抓共管、职能部门各负其责、全员育人全程育人的工作机制,形成思政教育工作的强大合力。

(二)完善的制度体系

要根据高校思政教育工作的特点和规律,制定切实可行的规章制度,明确思政教育工作的目标、内容、方法、评价等各个环节。例如,建立健全思政教育工作例会制度、教师培训制度、教学督导制度、考核评价制度等,为思政教育工作提供制度保障。同时,要提高制度执行力,确保各项制度落到实处、发挥实效。

(三)扎实的队伍建设

高校要高度重视思政教育队伍建设,选优配强领导班子,建设一支政治素质过硬、业务能力精湛、育人水平高超的思政教育工作队伍。要加强思政课教师、辅导员、班主任等专兼职队伍建设,通过培训、研修、挂职锻炼等方式,不断提升队伍的思想政治素质和业务能力。同时,要完善激励机制,调动广大教师投身思政教育工作的积极性和创造性。

(四)创新的工作方式

面对新时代学生的特点和需求,高校要积极探索思政教育工作的新途径、新方法,增强工作的吸引力和感染力。例如,利用新媒体平台开展思政教育,通过微信、微博、短视频等方式,创新思政教育的内容和形式;开展志愿服务、社会实践等活动,引导学生在服务社会、奉献他人中受教育、长才干;举办思政教育沙龙、讲座、论坛等,营造浓厚的校园文化氛围。这些创新的工作方式,能够拉近思政教育与学生的距离,增强思政教育的亲和力和针对性。

五、思政教育效果与影响指标

思政教育效果与影响指标直接反映了思政教育活动对学生思想政治素质、价值观念、道德品质等方面的塑造和提升情况,是评判思政教育工作成效的关键因素。只有全面、科学地设置效果与影响指标,并在实践中严格执行、动态监测,才能准确把握思政教育工作的实际成果,为进一步优化工作思路、创新工作方法提供可靠依据。思政教育效果与影响指标应该包含以下五个方面。

(一)学生思想政治素质的提升

学生思想政治素质的提升是思政教育的根本任务,也是效果评价的核心指标。通过问卷调查、个别访谈、行为观察等方式,可以考察学生在理想信念、爱国主义、集体主义、社会主义核心价值观等方面的认知、情感、意志和行为表现,从而判断思政教育对学生思想政治素质的影响程度。

(二)学生道德品质的养成

道德品质是学生健康成长的基石,也是社会主义建设者和接班人必备的基本素养。思政教育要着力引导学生崇德向善、明礼诚信,培养其做人的基本原则、价值取向和行为规范。通过对学生日常言行的观察、道德认知与判断能力的测试等,可以较为全面地评估思政教育在道德教化方面取得的成效。

(三)学生法治观念的树立

在全面依法治国的时代背景下,加强学生法治教育已成为思政教育的重要内容。通过开展丰富多样的法治教育活动,引导学生学法守法用法,可以有效提高其法治素养,培养社会主义法治国家的合格公民。对学生法律基础知识的掌握情况、法律思维和法律实践能力的考查,能够客观反映法治教育的效果和影响。

(四)学生心理健康水平的提升

思想政治工作必须关注学生的心理健康,加强人文关怀和心理疏导,预防和化解各种心理问题。定期开展心理健康教育讲座、个别谈心、危机干预等活动,并运用心理测量工具持续跟踪学生心理状况，既是做好思政工作的应有之义，也是评价其实效的重要方法。

（五）学生社会实践能力的提升

思想政治教育要引导学生走进社会、了解国情，在实践中砥砺品格、提升能力。广泛开展社会调研、志愿服务、公益活动等社会实践活动，建立科学规范的考核评价体系，关注学生在组织协调、沟通合作、分析解决问题等方面的表现和进步，对于评估实践育人成效具有重要意义。

第三节　评价指标体系的权重确定与赋值

一、权重确定的原则

（一）科学性原则

科学性原则要求权重的确定必须建立在对高校思政教育管理工作质量评价规律的深入认识基础之上。只有遵循教育评价的内在规律，才能确保指标体系的权重分配具有合理性和可信度。在实践中，需要运用教育测量与评价、数理统计等理论方法，对影响高校思政教育管理工作质量的关键因素进行系统分析，揭示各要素之间的内在联系，进而科学设定各级指标的权重。

权重分配的科学性体现在对不同指标重要性的认知差异上。高校思政教育管理工作是一项复杂的系统工程，涉及思想引领、组织管理、队伍建设、活动开展等诸多方面。在构建指标体系时，必须充分认识到各项指标对整体工作质量的影响是有差异的。一些核心指标，如思想政治教育的针对性和实效性、学生的思想政治状况等，对评价结果的影响更为关键，因此在权重分配时应给予更高的比重。而一些外围指标，如经费保障、硬件设施等，虽然也很重要，但其作用相对更多体现为支撑和保障,权重设置可以相对较低。唯有根据指标重要性进行差异化的权重赋值,才能真实反映高校思政教育管理工作的质量。

科学分配权重要求必须立足高校思政教育管理工作的时代特征。当前,高校思政工作面临诸多新情况新问题,如大学生价值取向多元化、学生社团活动蓬勃开展、网络新媒体广泛应用等。在设计指标体系时必须对这些新的影响因素予以足够的重视,并在权重分配中给予适当的倾斜。只有紧跟时代步伐,根据形势变化动态调整指标体系,才能确保评价结果的针对性和引导性。

(二)系统性原则

在构建高校思政教育管理工作质量评价指标体系时,必须充分考虑各指标之间错综复杂的内在联系,将其作为一个有机整体来对待。只有深入分析各指标的内涵和外延,厘清它们之间的逻辑关系,才能科学合理地分配权重,确保评价结果的客观性和可靠性。

系统性原则要求在确定权重时,既要重视各指标的独立价值,又要关注它们相互影响、相互制约的关系。例如,在思政教育管理工作中,“思想政治教育”和“日常管理服务”两个一级指标虽然侧重点不同,却是相辅相成、缺一不可的。前者侧重学生世界观、人生观、价值观的引导和塑造,后者则强调对学生行为的规范和引导。两者相互渗透、相互促进,共同服务于立德树人的根本任务。因此,在确定权重时,不能简单地对它们进行机械分割,而应从整体出发,综合考虑二者在人才培养中的作用,给予适当的权重。“教育教学”和“科学研究”作为高校思政教育工作者的两大职责,也存在着紧密的内在联系。一方面,扎实的理论基础和深厚的学术造诣是开展高质量思政教育的前提;另一方面,思政教育实践又能为教师提供鲜活的案例和素材,助力教学科研水平的提升。因此,在分配二者权重时,既要体现教学工作的基础性地位,又要重视科研对教学的支撑和反哺作用,避免顾此失彼。

(三)可操作性原则

可操作性原则要求权重的设定应当便于实际应用,避免过于复杂晦涩,确保评价顺利实施。具体而言,可操作性原则主要体现在以下五个方面。

1. 权重分配应当直观易懂

如果权重设置过于抽象或烦琐,评价主体很难准确把握,就会影响评价结果的客观性和准确性。因此,在进行权重分配时,应当采用通俗易懂的语言,并辅以直观的数字或百分比表示,使评价主体一目了然。

2. 权重分配应当具有较强的可测性

思想政治教育管理工作涉及诸多定性指标,如育人环境营造、思想道德教育等,这些指标的测评具有一定的主观性。如果权重分配过于偏重这些难以量化的指标,就会降低评价的可操作性。因此,在设置指标权重时,应当在定性与定量指标之间取得平衡,既要重视思政工作的特殊性,又要保证评价的可操作性。

3. 权重分配应当与评价方法相适应

不同的评价方法对指标权重的要求不尽相同,例如,层次分析法需要构建判断矩阵,德尔菲法则需要专家打分。权重的设置必须与所采用的评价方法相匹配,确保评价过程的顺利进行。同时,还要考虑数据采集的可行性,避免出现无法获取数据或数据失真的情况。

4. 权重分配应当具有一定的稳定性和连续性

高校思政教育管理工作是一项长期性、系统性工程,质量评价也需要持续推进。如果权重分配频繁变动或出现大幅波动,就会影响评价结果的可比性,导致连续性评价无法实现。因此,在设置权重时,应当遵循相对稳定的原则,结合工作实际和发展需要适时调整,但要避免朝令夕改。

5. 权重分配要兼顾不同评价主体的认可度

高校思政工作质量评价涉及多元主体,包括教师、学生、管理者等,不同主体对指标重要性的认知可能存在差异。为了提高评价的可操作性,权重的设置应当尽可能兼顾各方诉求,在广泛征求意见的基础上达成共识。只有各评价主体普遍认可,才能形成合力,确保评价工作的有效开展。

二、指标权重的计算与分配方法

(一)层次分析法

层次分析法通过两两比较指标的相对重要性,构建判断矩阵,并计算出各指标的权重。层次分析法的基本思路是将复杂问题分解为若干层次和因素,在此基础上进行定性和定量分析,得出指标的权重。运用层次分析法确定高校思政教育管理工作质量评价指标体系中各指标的权重,需要经过以下四个步骤。

1. 层次划分

根据高校思政教育管理工作的内容和特点,将评价指标体系划分为若干层次。通常可分为目标层、准则层和指标层。目标层是整个评价的总目标,如提高高校思政教育管理工作质量;准则层是实现总目标的若干子目标,如加强思想政治教育、促进学生全面发展等;指标层则是每个准则层目标所包含的具体评价指标。

2. 构建判断矩阵

在每个层次内部,通过专家打分的方式,对各要素进行两两比较,确定它们之间的相对重要性。比较结果可用 1~9 标度表示,得到判断矩阵。判断矩阵具有完全一致性,即若指标 A 比 B 重要,B 比 C 重要,则 A 一定比 C 更重要。

3. 计算权重

利用判断矩阵计算各指标权重的常用方法有和积法、根方法、特征值法等。例如,和积法是先将判断矩阵每列元素归一化,再对每行求和,将结果再次归一化,即得到权重向量。权重向量反映了各指标的相对重要程度。

4. 一致性检验

对判断矩阵进行一致性检验,判断专家意见是否达成一致。若不一致,可请专家重新对指标进行评判,直至通过一致性检验为止。通过一致性指标 CI 和平均随机一致性指标 RI 的比值 CR 来衡量,当 CR<0.1 时,认为判断矩阵具有一致性。

(二)熵值法

熵值法是一种客观赋权方法,它根据各个指标提供信息量的大小来确定权重。熵在信息论中代表随机变量的不确定性,信息量越大,不确定性就越小,熵值也就越低。因此,在评价指标体系中,某项指标的信息熵值越低,表明该指标提供的信息量越大,在整个评价体系中的重要性越高,其权重也就应该越高。

首先,需要对各项指标的原始数据进行标准化处理,将其转化为 0~1 之间的无量纲值。其次,计算第 j 项指标下第 i 个评价对象所占该指标的比重 pij。再次,根据熵的定义公式,计算第 j 项指标的熵值 ej,再由熵值推导出第 j 项指标的差异系数 dj。最后,根据差异系数计算各项指标的权重 wj,权重与差异系数成正比。

与主观赋权法相比,熵值法能够客观地反映指标数据的差异对评价结果的影响程度,不依赖于主观判断,避免了人为因素的干扰。但熵值法也存在一定局限性,它仅从数据的离散程度出发确定权重,没有考虑指标本身的重要性,当指标间的重要程度差异较大时,仅用熵值法确定的权重可能与实际情况不符。

(三)综合赋权法

综合赋权法通常采用层次分析法与熵值法相结合的方式。通过层次分析法,由相关领域专家根据指标间的相对重要性,对指标进行两两比较,构建判断矩阵,并计算判断矩阵的最大特征根对应的特征向量,得到主观权重。利用熵值法计算客观权重,即根据各指标提供的信息量大小来确定权重,信息量越大,权重越高。将主客观权重按照一定的比例进行加权平均，得到综合权重。

综合赋权法在权重确定过程中，既发挥了专家的主观能动性，又充分尊重了数据的客观反映，避免了单纯主观赋权或客观赋权可能产生的偏颇和局限。通过专家知识和实践经验与数据信息的有机融合，综合赋权法能够更加科学、合理地反映各指标的重要程度，为高校思政教育管理工作质量评价指标体系的构建提供可靠依据。

综合赋权法在实践应用中具有较强的可操作性。通过问卷调查、访谈等方式广泛征求专家意见，借助层次分析软件进行数据处理和计算，能够相对便捷、高效地完成主观权重的确定。客观权重的计算则可以直接利用统计软件，根据收集到的数据信息快速实现。将二者结合，即可得到兼具科学性和可操作性的综合权重。

在运用综合赋权法时，也需要注意一些问题。首先，专家的选择要有代表性，覆盖高校思想政治教育、管理学、统计学等不同领域，以保证主观判断的全面性和专业性。其次，数据的收集要尽可能广泛，涵盖不同类型高校和地区，以提高客观权重计算的可靠性。最后，主客观权重的分配比例要适度，既不能过于偏重主观判断，又不能完全依赖数据反映，需要根据实际情况进行权衡。

三、指标赋值的标准

（一）定性指标赋值

定性指标侧重于反映评价对象的非数字化特征，如育人环境的优越程度、思想政治教育的针对性和实效性等。这些特征难以直接量化，需要评价主体根据自身的经验判断和价值取向给出等级分。

在确定定性指标的分值时，评价主体要明确各指标的内涵和外延，对其进行科学界定。例如，确定“校园文化建设”指标的分值时，评价者需要理清校园文化建设的内容要素，如精神文化、物质文化、制度文化和行为文化等，并对各要素的重要性进行权衡。只有准确把握指标的内涵，评价者才能做出合理的判断和赋值。

评价主体要制定明确、可操作的评判标准。定性指标的等级划分通常采用定序评分法，即设定“优秀”“良好”“一般”“较差”等等级，每个等级对应特定的分值。为保证评判的客观性和一致性，制定评判标准时要尽可能细化每个等级的特征描述，明确界定标准。例如，“优秀”等级的思想政治教育工作应体现在“形式多样、内容丰富、针对性强、实效性高”等方面。

评价主体在判断定性指标的等级时，要充分收集信息，全面了解评价对象的实际情况。对于思政教育管理工作而言，评价者不只要关注思政课堂教学、主题教育等显性载体，更要注重隐性思政工作的开展情况，如师德师风建设、校园环境营造等。只有建立在翔实调研基础上的判断，才能真正反映工作的全貌。

定性指标的赋值应遵循民主、科学的原则。对于关系到多元主体利益的指标，如“学生满意度”“教师获得感”等，可采取问卷调查法，广泛征求师生的意见，以平均分作为最终得分。对于专业性较强的指标，则可组织专家评审会，集中讨论交流，以达成基本共识。无论采取何种方式，赋值过程都应保持公开透明，接受各方监督。

（二）定量指标赋值

相比定性指标，定量指标更加客观、准确，能够为评价结果提供可靠的数据支撑。在确定定量指标分值时，需要以客观统计数据为基础，遵循科学、合理的赋值原则。

1. 定量指标的选取应充分体现高校思政教育管理工作的关键要素

通过广泛调研和专家论证，识别出能够反映管理质量的核心指标，如思政课程开设率、学生参与率、学生满意度等。这些指标应具有较强的代表性和针对性，能够全面评估思政教育管理工作的实施效果。

2. 定量指标的赋值应建立在可靠的数据基础之上

通过问卷调查、访谈座谈、数据采集等方式，获取客观、真实的原始数据。在数据处理过程中，要注重数据的准确性和完整性，剔除异常值，补充缺失值，保证数据质量。同时，还要对数据进行必要的统计分析，揭示数据背后的规律和发展趋势。

3. 定量指标的分值设置应符合评价的目的和要求

根据指标重要性的差异，采用科学的赋权方法，合理确定各指标的权重。权重的分配要兼顾指标间的逻辑关系和现实需要，既不能平均主义，也不能过于偏颇。在具体赋分时，可参考国内外同类评价的经验做法，设定与指标实际情况相适应的分值区间和档次。

4. 定量指标的赋值应具有一定的弹性和动态调整机制

高校思政教育管理工作是一个不断发展变化的过程，评价指标体系也应与时俱进。要定期评估指标设置的合理性和有效性，根据实践反馈动态优化指标内容，调整指标权重和分值，以适应新的形势和要求。

5. 定量指标赋值的过程和结果应接受利益相关方的监督

赋值方案的制定要充分吸收专家学者、思政教育工作者、学生代表等的意见建议，提高方案的科学性和可行性。赋值结果的运用要接受师生员工的评议和质询，确保评价工作的公平公正。必要时，还可引入第三方机构参与指标赋值，以增强评价的独立性和公信力。

（三）赋值标准的制定原则

高校思政教育管理工作质量评价赋值标准的制定应把握以下原则。一是科学性原则，赋值标准要符合教育评价规律和思政工作规律，做到客观、准确、全面；二是导向性原则，赋值标准的设置要体现正确的价值取向，引导高校加强和改进思政工作；三是可操作性原则，赋值标准要简单易行，便于采集数据和开展测评；四是发展性原则，赋值标准要与时俱进，根据形势任务变化动态调整。在把握以上原则的基础上，高校要因地制宜，设计契合实际的赋值规则。

四、赋值过程的操作与实践

（一）组织专家评审

通过集中研讨的形式，专家可以交流对各项指标重要程度的看法，并在此基础上达成共识，最终确定各指标的具体分值。这一过程不仅有利于提高评价指标体系的科学性和权威性，也能够增强评价结果的可信度和认可度。

在组织专家评审时，需要遴选一批熟悉高校思政教育管理工作、具有丰富理论知识和实践经验的专家学者。他们不仅要对高校思想政治教育规律有深入研究，而且应具备一定的教育评价专业素养。只有组建起高水平、高质量的专家团队，才能确保评审工作的专业性和权威性。

要精心设计专家评审的流程和方式。可以采取会议研讨、问卷调查、个别访谈等多种形式，充分听取每位专家的意见和建议。在研讨过程中，要鼓励专家开展深入讨论和辩论，以便全面了解不同观点，形成较为一致的认识。同时，要注重发挥专家的集体智慧，促进不同学科背景和领域的专家相互启发、相互补充，以形成科学合理的评判标准。

专家评审应该紧紧围绕高校思政教育管理工作的目标和任务展开。评审专家要充分考虑不同指标对于推动思政工作、提升教育质量的重要程度，既要重视显性的、可量化的指标，如制度建设、队伍建设等，也要关注隐性的、难以量化的指标，如育人环境、文化氛围等。要从全局和战略的高度，判断各项指标的权重分配，使之能够较为准确地反映思政工作的整体水平和效果。

专家评审应注重吸收借鉴国内外先进的教育评价理论和实践经验。要积极了解和学习发达国家高校思政教育质量评价的标准、方法和流程，认真研究价值观教育、大学生心理健康教育等方面的最新进展，努力提升评审工作的理论水平和专业水准。同时，要立足我国国情，充分考虑我国高校思政教育的特点和规律,确保评价指标既符合普遍规律,又具有鲜明的时代特色。

专家评审的结果必须经过严格的论证和审核,以确保其科学性、准确性和权威性。要对专家的意见和建议进行认真梳理和归纳,形成系统完整的评审报告。对于存在较大分歧或争议的指标,要通过进一步研讨和论证,求同存异、凝聚共识。在形成最终的指标分值方案后,还要广泛征求高校师生和思政教育工作者的意见,并根据实际情况进行必要的修正和完善,以使评价指标体系更加科学、合理、切合实际。

(二)问卷调查获取数据

问卷调查面向师生群体,广泛收集一手评价信息,为指标体系的科学设计提供了数据支撑。

在问卷设计过程中,需要充分考虑调查对象的特点,遵循科学性、针对性、可操作性的原则。问卷内容应紧密围绕高校思政教育管理工作的主要职能和任务展开,涵盖思想政治教育、学风建设、心理健康教育等多个方面。同时,要注重问题的设计思路,采用封闭式与开放式相结合的方式,既便于统计分析,又能听取师生的意见建议。

在问卷发放和回收阶段,可采取线上与线下相结合的方式。线上问卷通过电子邮件等渠道发放,可实现快速、便捷、低成本的数据采集;线下问卷则通过入班宣讲、个别访谈等形式开展,能够获得更为深入、细致的评价信息。无论采取何种方式,都要保证问卷填写的独立性和真实性,避免"打分"心态和从众效应的干扰。同时,要充分尊重师生的知情权和隐私权,对涉及敏感内容的问题慎重设置。

(三)数据统计与分析

评价过程中收集的原始数据需要经过科学、规范的整理和计算,才能转化为具有决策参考价值的信息。运用统计软件进行数据处理,不仅能够提高数据分析效率,而且可以保证结果的准确性和可靠性。

数据统计与分析要对收集到的原始数据进行筛选、校验和清洗。由于评价过程涉及大量的调查问卷和访谈记录,数据质量参差不齐,可能存在信息缺失、逻辑矛盾等问题。因此,需要运用统计软件对数据进行初步筛选,剔除无效样本,核查关键指标的完整性和一致性。只有建立在高质量数据基础之上的统计分析,才能确保评价结果的科学性。

数据预处理完成后,需要根据指标体系设计的要求,利用统计软件计算各项指标的原始得分。这一过程涉及描述性统计分析、均值计算、频数统计等多种方法。通过科学设置统计口径和计算公式,将定性指标量化为具体分值,并对定量指标的原始数据进行汇总加工。统计软件强大的数据处理功能,能够轻松实现跨样本、跨指标的计算,并自动生成直观的统计报表,极大地提升了数据分析的效率和精度。

指标得分计算完成后,评价工作并未终止。数据统计与分析还肩负着深入挖掘数据价值,洞察思政教育管理工作规律的使命。运用统计软件强大的数据建模与可视化功能,可以从多个维度对评价结果进行对比分析。例如,纵向追踪各指标得分的历史变化趋势,考查思政教育管理工作的进展和成效;横向比较不同学院、不同专业的表现差异,发现管理实践中的短板和不足;探索各指标之间的相关性,揭示评价要素的内在联系和作用机制。这些深入分析不仅能够为思政教育管理部门提供全面、准确的决策参考,而且有助于增强评价指标体系本身的科学性与合理性。

数据统计与分析还是评价结果应用的重要基础。将评价指标的原始得分转化为标准化的综合评分,需要在统计学原理指导下合理设置权重,选择科学的计算模型。评价结果的等级划分、排名确定等关键环节,也离不开数据分析技术的支持。运用统计软件进行情景模拟、预测预警、辅助决策,能够使评价结果更好地服务于思政教育管理工作的优化和改进。

五、权重与赋值结果的审核与调整

权重和赋值结果的审核与调整不只能够检验前期工作的科学性和合理性，更能动态优化指标体系，确保其与高校思政教育管理实践的契合度。

（一）审核

审核工作需要遵循严谨、客观、全面的原则。首先，要对指标权重的分配进行仔细核查，评估其是否符合教育评价规律和高校实际。通过分析各指标在整个体系中的重要程度差异，判断权重分配是否合理。其次，要审视各指标的赋值标准和依据是否具有科学性和可操作性。定性指标的等级划分是否清晰、准确，定量指标的赋值是否建立在客观数据基础之上，都需要深入验证。最后，还要全面检视赋值过程的规范性，评审专家的遴选是否具有代表性，问卷调查的信度、效度是否达标，数据统计分析是否严谨，这些都关系到评价结果的公正性。

（二）调整

在审核的基础上，需要对权重和赋值结果进行必要的调整。这种调整应建立在充分论证的基础之上，既不能因循守旧、故步自封，也不能朝令夕改、随意变动。一方面，要根据高校思政教育管理工作的新进展、新要求，适时优化指标内容，突出育人导向；另一方面，要参考兄弟高校的先进经验和做法，对标找差距，取长补短。对于审核中发现的问题，要及时修正，优化权重分配方案，细化赋值标准。在动态调整中不断提升指标体系的科学性、针对性、引领性。

权重和赋值结果的审核调整是一个开放的过程，需要高校管理者、一线教师、评估专家等多方参与。要本着求真务实的态度，在广泛调研、深入论证的基础上进行决策。同时，还要加强过程监管和绩效反馈，根据实施效果进行再调适，形成闭环管理，推动高校思政教育管理工作不断迈上新台阶。

第三章　高校思政教育管理工作质量评价实施

第一节　评价数据的收集与处理

一、数据来源

(一)内部数据源

高校思政教育管理工作质量评价的内部数据源主要来自学校内部的相关部门和人员,包括教务处、学工部、辅导员等。这些部门和人员直接参与或管理学校的思想政治教育工作,掌握第一手的原始数据和资料,是评价数据收集的重要渠道。

教务处作为学校教学管理的职能部门,负责制订教学计划、组织教学活动、监控教学过程、评估教学质量等,了解教师授课情况和学生学习状态。通过教务处可以获取与思政课教学相关的数据,如教学大纲、授课计划、教学日志、学生考勤、成绩分布等,这些数据能够反映思政课教学的基本情况和教学效果。

学工部是学校学生工作的综合管理部门,负责学生日常思想政治教育、党团和班级建设、心理健康教育、校园文化活动等。学工部掌握着学生思想动态、价值取向、行为表现等第一手资料,通过个人思想汇报、谈心谈话、主题班会、党团活动等形式,能够深入了解学生对思政教育的认知、态度和反馈,这些数据对于评估思政教育实际成效具有重要价值。

辅导员是学生成长成才的引路人,也是思政教育的直接实施者和管理者。辅导员与学生朝夕相处、谈心交流,全方位、全过程参与学生的思想政治教育和管理服务工作。辅导员的工作笔记、与学生谈话的记录、思想状况分析报告等,都是思政教育管理工作质量评价的宝贵数据来源。这些数据真实记录了开展思政教育工作的细节和成效,能够帮助评价者深入剖析思政教育的过程和机制。

除教务处、学工部、辅导员外,校团委、心理咨询中心、学生社团等部门也参与或协助学校思政教育工作,相关工作记录和数据资料也是内部数据源的重要组成部分。这些部门从不同侧面反映了学生成长发展状况和思政教育需求,有助于开展全方位、多角度的教育质量评价。

(二)外部数据源

相较于内部数据源,外部数据源具有更加广泛、客观、多元的特点,能够为评价工作提供更加全面、立体的视角。

从主体角度看,外部数据源涵盖了教育主管部门、用人单位、学生家长等多个利益相关方。教育主管部门作为高校的上级管理机构,掌握丰富的教育政策信息和监管数据,对高校思政教育管理工作的合规性、规范性具有重要的评判作用。用人单位作为高校人才培养的"客户",其对毕业生思想政治素质的评价和反馈,是检验高校思政教育管理工作实效性的重要标尺。学生家长作为学生成长的重要影响因素,其对学校思政教育管理工作的感受和认可度,在一定程度上反映了思政教育管理工作的亲和力和感召力。综合运用来自这些不同主体的外部数据,能够让评价结果更加立体、可信。

从内容角度看,外部数据源包含了思政教育管理工作的多个关键维度。教育主管部门提供的数据,可以反映学校在思政教育管理制度建设、队伍建设、阵地建设等方面的情况;用人单位提供的数据,可以反映学生思想政治素质的社会认可度,以及思政教育管理工作对学生职业发展的促进作用;学生家长提供的数据,可以反映学校在家校沟通、家长工作等方面的成效。这些不同维度的数据相互补充、相互印证,有助于全面提升思政教育管理工作的质量和水平。

从数据形式看,外部数据源呈现出多样化的特点。除了常规的问卷调查、访谈记录等结构化数据,还包括会议纪要、工作简报、网络舆情等非结构化数据。非结构化数据虽然不如结构化数据便于量化分析,但往往蕴含了更加真实、细腻的信息,对于深入理解评价对象、挖掘评价要点具有重要价值。运用大数据、人工智能等现代信息技术手段,可以高效地对这些异构数据进行采集、存储、分析和挖掘,使评价结果更具洞察力。

(三)数据来源的可靠性与权威性

数据来源的可靠性和权威性是高校思政教育管理工作质量评价数据收集与处理的首要前提。只有确保数据来源真实可靠、权威有效,评价结果才能准确反映思政教育管理工作的实际状况,为相关决策提供科学依据。

在选择数据来源时,应优先考虑官方部门发布的数据,如教育部、各级教育主管部门的统计数据和报告。这些数据经过严格的审核和把关,具有较高的可信度和权威性。同时,高校内部的相关部门,如教务处、学工部、团委等,也是重要的数据来源。这些部门掌握大量的原始数据和第一手资料,能够提供较为全面和细致的数据支持。

高校可以通过问卷调查、访谈等方式,直接了解师生、家长等利益相关者的真实想法和意见。这些数据虽然具有一定的主观性,但能够反映出不同主体的切身感受和真实诉求,对于全面评估思政教育管理工作质量具有重要意义。

数据来源的多元化也是保证数据来源可靠性和权威性的重要途径。单一数据来源往往难以全面反映思政教育管理工作的方方面面,容易导致评价结果片面化。而通过多种渠道获取数据,能够实现数据来源的互补和校验,减少因偶然因素导致的误差,提高评价的科学性和准确性。

在数据管理方面,高校还应建立健全相关的规章制度,明确数据采集、审核、共享等各个环节的流程和要求,确保数据来源的规范性和可追溯性。同时,应加强数据安全保护,防止数据泄露,为数据的真实性和完整性提供制度保障。

二、数据收集方法

(一)问卷调查法

通过设计科学、严谨的调查问卷,对教师、学生、管理人员等相关群体进行广泛且深入的问卷调查,可以全面、系统地了解高校思政教育管理工作的实际情况,客观评估其质量和效果。

1. 确保问卷调查的有效性和可靠性

问卷内容要全面覆盖评价要素,具有针对性和可操作性,避免抽象空泛或过于细碎。问题设置要合理,选择恰当的问题类型,如选择题、判断题、简答题等,既便于被调查者回答,又能获取丰富、有价值的信息。同时,要注重问卷语言的准确、简洁,尽量避免歧义或引导性提问。

2. 采用科学的抽样方法,选取有代表性的调查对象

可以结合高校思政教育管理工作的实际,采用分层抽样、整群抽样等方式,在不同院系、年级、专业选取样本,既要保证样本量充足,又要兼顾样本结构的均衡性。在发放问卷时,要做好组织动员工作,提高被调查者的积极性和主动性,确保问卷回收率。

3. 运用现代信息技术手段,提高问卷数据的收集和处理效率

可以利用网络问卷平台,实现问卷的在线设计、发放和回收,既方便快捷,又能扩大调查范围。对收集到的问卷数据,要及时进行筛选、整理和录入,剔除无效问卷,确保数据真实可靠。运用 SPSS、Excel 等专业统计软件进行数据分析,对不同题项的答题情况进行描述性统计和推论性统计,揭示数据背后隐藏的规律和趋势。

4. 高度重视问卷调查结果的解读和应用

通过系统梳理和深入分析问卷数据,可以准确把握高校思政教育管理工作的现状和问题,找出影响工作质量的关键因素。在此基础上,要针对性地制定改进方案和措施,优化思政教育管理工作的目标设置、资源配置、绩效评估等,不断提升工作水平和育人质量。同时,要及时将调查结果反馈给相关部门和个人,增

强工作的透明度,营造良性互动、共同促进的育人氛围。

(二)访谈法

与其他数据收集方法相比,访谈法能够更加深入、全面地了解评价对象的主观感受和真实想法,获取丰富、立体的评价数据。通过面对面或电话访谈的形式,评价者可以与被评价者直接对话交流,探究思政教育管理工作的实施过程、取得的成效及存在的问题。

在实施访谈法的过程中,访谈提纲的设计至关重要。科学、合理的访谈提纲能够帮助评价者聚焦评价主题,引导被访谈者做出针对性强、信息量大的回答。访谈提纲应包括开放性问题和封闭性问题两类。开放性问题旨在鼓励被访谈者畅所欲言,表达自己的真实想法和感受。封闭性问题则着眼于获取特定信息。通过恰当搭配两类问题,评价者能够在访谈中有的放矢,获取丰富且精准的评价数据。

样本选取是运用访谈法收集评价数据的关键环节。为确保样本的代表性和全面性,评价者应综合考虑被访谈对象的身份特征、专业背景等因素,选取不同类型、不同层次的利益相关者参与访谈。例如,高校思政教育管理工作质量评价的样本应涵盖思政教师、辅导员、学工干部、普通教师、学生骨干、普通学生等群体。只有兼顾各方声音,才能客观、立体地反映思政教育管理工作的实际状况。此外,样本量的确定也需要评价者审慎把握。样本量太小,难以确保评价数据的可靠性;样本量太大,又会耗费过多的人力物力。评价者应根据评价目的和实际条件,选取最优的样本规模。

为提高访谈数据的质量,访谈过程中还需注重营造良好的氛围。一方面,访谈环境应安静、舒适,尽量避免外界干扰,使被访谈者能够安心、放松地表达想法。另一方面,访谈者应以真诚、友善的态度对待每一位被访谈者,耐心聆听、适时引导,让其感受到被尊重和信任。通过营造轻松愉悦的氛围,评价者能够与被访谈者建立良好的沟通关系,从而获得真实可靠的访谈资料。

在访谈结束后,评价者还需对访谈资料进行整理和分析。访谈记录是最常见的资料整理方式,评价者应当在访谈过程中详细记录被访谈者的表述,并在访谈后及时整理成文。对于访谈中的重要言论和观点,评价者可以直接引用原话,增强评价报告的说服力。在分析阶段,评价者应打破个案的局限,从宏观视角分析访谈资料中反映出的共性问题。例如,如果多位被访谈者都提到"思政课堂氛围不够活跃",评价者就应深入剖析这一问题的原因,并提出切实可行的改进建议。只有将个案资料与宏观分析相结合,访谈法的应用价值才能得以充分彰显。

(三)观察法

相较于问卷调查法和访谈法,观察法能够更直观、真实地了解思政教育管理工作的实际开展情况。通过深入一线,亲身体验和观察思政教育活动的组织实施过程,评价者可以获取第一手、鲜活生动的质性数据,对思政教育管理工作进行全面细致的考察。

观察法主要包括现场观察和参与式观察两种形式。现场观察是指评价者以"局外人"的身份,在不干扰正常教育教学秩序的前提下,客观记录思政教育管理工作的各个环节,如主题班会、志愿服务、社会实践等。评价者可以重点关注活动的组织流程、教师的引导方式、学生的参与度和投入度等,从多角度评估思政教育管理工作的规范性、科学性和实效性。参与式观察则是指评价者以"局内人"的身份,全程参与思政教育活动,与师生充分互动交流,在体验式学习中体会思政教育管理工作的独特魅力。通过换位思考和角色体验,评价者能够更加全面、深入地理解思政教育管理工作的内在规律和现实困境,提出更具针对性和可操作性的改进建议。

无论是现场观察还是参与式观察,评价者都应秉持客观、审慎的态度,全面系统地收集第一手资料。在观察过程中,评价者要善于捕捉细节,记录师生言行举止中透露出的信息,力求还原思政教育管理工作的真实情景。同时,评价者还要注重对观察对象的尊重和保护,避免对师生正常的学习生活造成干扰,维护教学秩序和师生权益。

观察结束后，评价者要及时将观察记录整理成文，形成完整、系统的评价材料。这些材料不仅包括对客观事实的描述，如活动时间、地点、参与人员等，还包括评价者的主观感受和思考，如活动设计的合理性、师生互动的效果、育人成果的显著性等。对观察材料进行深入分析和解读，评价者可以洞察思政教育管理工作的内在机理，发现其中存在的问题和不足，为后续的整改完善提供重要依据。

三、数据清洗与整理

（一）数据筛选

在海量的评价数据中，难免存在不完整、不真实、不相关的无效数据，这些数据不仅会影响评价结果的准确性，还会浪费数据处理的时间和资源。因此，有必要对收集到的原始数据进行仔细筛选，剔除其中的无效数据，为后续的数据分析奠定良好基础。

数据筛选的第一步是明确筛选标准。通常，数据的完整性、真实性和相关性是最基本的筛选标准。完整性是指数据记录齐全，无缺失值；真实性是指数据真实可靠，无错误或造假；相关性是指数据与评价目的相关，未偏离主题。除此之外，还可以根据具体的评价需求设定其他筛选标准，如数据的时效性、代表性等。明确筛选标准能够确保筛选过程的规范性和一致性。

在明确筛选标准后，就可以对数据进行逐一审查和筛选。对于不完整的数据，如果缺失值较少且不影响核心字段，可以采用插值等方法进行补全；如果缺失值较多或涉及关键信息，则应予以剔除。对于不真实的数据，需要通过交叉验证等方式进行甄别，如将不同来源的数据进行比对，查看是否存在明显的矛盾或错误；或者邀请相关领域的专家对其进行鉴定。对于不相关的数据，则应根据评价主题和目标进行识别，将偏离主题或无关数据剔除。

数据筛选是一项细致且烦琐的工作，需要投入大量的时间和精力。为提高筛选效率，可以借助信息技术手段进行辅助。例如，利用数据挖掘、机器学习等技术,预设筛选规则,自动识别和标记疑似无效数据,再由人工复核和确认;开发数据筛选工具软件,实现数据筛选流程的自动化和标准化。这些技术手段能够大大减少人工筛选的工作量,提升筛选的速度和准确率。

(二)数据编码

在高校思政教育管理工作质量评价中,原始数据的形式多种多样,既有定性的访谈记录、观察日志,也有定量的问卷调查结果。如果这些异质性数据不经过系统的编码,就无法转化为统一的、可计算的形式,更谈不上开展深入的定量分析和数理统计。

编码的核心在于将非结构化的原始数据转换为结构化的数据,即根据研究目的和理论框架,对原始数据进行概念化处理,提炼出能够反映数据内在属性的类目或变量,并用数字符号或字母代码予以表示。这一过程不仅能够去除原始数据中的冗余和噪声,突出数据的本质内涵,而且能够实现数据的标准化和规范化表达,为后续的计算机处理奠定基础。

在高校思政教育管理工作质量评价中,数据编码需要遵循一定的原则和步骤。首先,研究者要根据评价指标体系的理论构建,确定数据编码的基本框架和类目。这一框架应该涵盖思政教育管理工作的各个维度,如目标达成、过程管理、效果评估等,并细化为若干可测量的二级指标和观测变量。其次,研究者要对原始数据进行反复研读和比对,根据类目框架提取关键信息,并赋予相应的编码。在编码过程中,要注重信息的完整性和准确性,对于表达相同或含义相近的数据要赋予相同的编码,对于内涵差异较大的数据则要区分编码。再次,研究者要对编码后的数据进行复核和校验,通过多人互评或随机抽样的方式,检查编码的一致性和可靠性,并进行必要的修正和补充。最后,研究者要将编码后的数据录入数据库或统计软件中,形成结构化的数据集,为后续的定量分析做好准备。

(三)数据录入

数据录入直接关系到后续数据分析的准确性和可靠性。在高校思政教育管理工作质量评价中，通过问卷调查、访谈、观察等方式收集到的原始数据，大多以纸质形式存在。为了便于后续的统计分析，需要将这些纸质数据转化为电子数据，录入计算机系统中。

在数据录入过程中，要选择合适的录入软件和数据库。对于中小规模的数据，可以使用 Excel 等电子表格软件进行录入。电子表格具有操作简单、易于编辑的特点，适合非专业人员使用。但是，当数据量较大时，电子表格的处理效率就会降低。此时，可以考虑使用 Access、MySQL 等专业数据库软件。这些软件不仅能够存储海量数据，还具有强大的数据管理和查询功能，便于后续的数据分析和挖掘。

数据录入的过程要严格遵循规范化、标准化的原则。首先，要制定统一的编码规则，对不同类型的数据进行编码，以便于识别和管理。其次，要建立数据录入模板，规定每个字段的数据类型、长度、格式等，确保录入数据的一致性。再次，要进行多人校对，避免录入过程中出现错误或遗漏。最后，要建立数据备份和恢复机制，防止数据丢失或损坏。

为了提高数据录入的效率和准确性，可以采用一些先进的技术手段。例如，使用光学字符识别技术，可以自动识别纸质问卷上的文字和数字，大大减少人工录入的工作量；使用条形码、二维码等自动识别技术，可以快速、准确地采集数据，降低错误率。当然，这些技术的应用需要一定的硬件和软件支持，也需要相应的人员培训和管理。

数据录入完成后，要对电子数据文件进行认真检查和校验。一方面，要检查数据的完整性，确保每个字段都有合法的取值；另一方面，要校验数据的逻辑性，排除明显的错误和矛盾。只有经过严格检查和校验的数据，才能进入后续的统计分析环节。

四、数据预处理与分析

（一）数据标准化

数据标准化通过消除不同来源、不同标准数据之间的差异，使之达到统一、规范、可比的状态。在高校思政教育管理工作质量评价中,数据标准化处理尤为重要。由于评价涉及的数据来源广泛,包括学校内部各部门、校外相关机构及学生、家长等多个主体,数据格式、标准难免存在差异。如果不进行标准化处理,不同来源的数据缺乏可比性,难以支撑后续的分析和评价工作。

数据标准化需要建立统一的指标体系和编码规则。通过对各维度指标的梳理和规范,构建一套科学、全面、易于操作的评价指标体系。同时,对各项指标按照统一的原则进行编码,消除因名称、单位等差异导致的歧义。在此基础上,需要对原始数据进行清洗和转换。通过剔除缺失值、异常值等无效数据,可以保证数据的准确性和完整性。对于不同单位、不同量纲的数据,则需进行必要的换算和转换,使其达到可比状态。

数据标准化处理不只要解决格式、标准的统一问题,更要注重数据内涵的一致性。对于定性指标,要根据评价要求设定统一的评判标准,减少主观性差异。对于定量指标,要结合实际情况确定数据的取值范围和精度要求,杜绝随意填报、粗略估算等行为。此外,数据标准化处理还要兼顾数据的时效性和动态性。思政教育管理工作质量评价是一项持续性工作,需要定期收集、更新相关数据。因此,标准化处理应根据实际需求不断优化完善,保证数据标准前后一致。

(二)数据转换

数据转换对于提升高校思政教育管理工作质量评价的科学性和准确性具有重要意义。在实际的评价工作中,原始数据往往存在格式不一、单位不同、量纲不统一等问题,直接对这些异构数据进行分析,不仅效率低,而且容易得出错误的结论。因此,需要对原始数据进行必要的转换和处理,使其满足后续分析的要求。

从数据分析的角度来看,数据转换主要包括两个方面的内容:一是数据的标准化,二是数据的聚合。数据标准化是指将不同来源、不同格式的数据转换为统一的标准形式,消除由于计量单位、数量级差异等因素导致的数据偏差。常见的标准化方法有 Min-Max 标准化、Z-score 标准化、Decimal Scaling 标准化等。标准化处理可以将不同指标的数据映射到同一尺度上,便于横向比较和综合评价。

数据聚合则是指将多个指标的数据按照一定的规则合并为一个或几个综合指标,以简化分析过程,凸显关键信息。在高校思政教育管理工作质量评价中,通常需要综合考查思想政治教育、日常管理、学风建设、校园文化等多个方面的表现,涉及大量的定量和定性指标。如果对每个指标都进行单独分析,不仅工作量巨大,而且难以把握总体情况。数据聚合可以将反映同一方面或具有内在联系的多个指标合并为一个综合指标,既可以简化计算,又能够从宏观上反映总体水平。

在实践中,数据转换需要计算一些常用的统计量,如百分比、平均值、方差、相关系数等。这些统计量能够从不同侧面反映数据的分布特征和变化趋势,为评价结果的解读提供依据。例如,通过计算各项指标的均值和方差,可以比较不同学院或不同年度之间的整体表现和离散程度;通过计算指标之间的相关系数,可以分析各项工作之间的内在联系和制约因素。这些定量分析为思政教育管理工作的改进提供了重要参考。

(三)统计分析

在统计分析中,描述性统计和推断性统计是两种基本且不可或缺的分析方法。描述性统计对数据进行汇总和描述,揭示数据的基本特征和分布规律。常用的描述性统计指标包括集中趋势测度(如平均数、中位数、众数)和离散程度测度(如方差、标准差、极差)等。通过计算这些指标,研究者能够直观地了解数据的中心位置、离散程度和分布形态,为后续的统计推断提供基础。

推断性统计则旨在根据样本数据对总体参数进行估计和假设检验。在实践中,研究者往往难以对总体进行全面调查,只能通过抽取具有代表性的样本来推断总体的特征。推断性统计为这一过程提供了科学的方法和工具,如参数估计、假设检验、方差分析、回归分析等。使用这些方法,研究者能够在一定的置信水平下对总体参数作出估计,检验研究假设是否成立,揭示变量之间的相关关系和因果关系。

在高校思政教育管理工作质量评价中,描述性统计和推断性统计的运用至关重要。首先,通过描述性统计分析,评价者能够全面了解各项评价指标的得分情况,掌握不同院系、不同年级、不同专业学生在思政教育管理工作质量评价中的总体表现。这为后续的对比分析和问题诊断奠定了基础。其次,运用推断性统计方法,评价者能够探究影响学生评价结果的关键因素,如教师的教学水平、教学方法、师生互动等,并检验相关因素与评价结果之间是否存在显著性差异。这有助于发现思政教育管理工作中的突出问题和薄弱环节,为有针对性地制定改进措施提供依据。

将描述性统计与推断性统计相结合,能够揭示思政教育管理工作质量的动态变化趋势。对不同时期的评价数据进行纵向比较,评价者能够判断思政教育管理工作质量的上升或下降趋势,分析其中的原因,预测未来的发展态势。这对于科学制订思政教育管理工作规划、合理配置教育资源具有重要意义。

五、数据处理工具选择

(一)电子表格软件

电子表格软件(Excel)在数据处理与分析领域享有盛誉,其简单易用、功能丰富的特点使其成为中小规模数据处理的首选工具。作为一款通用型数据处理软件,Excel 能够满足大多数基础数据处理需求,为教育管理者提供了高效便捷的数据收集、整理、分析途径。

Excel 内置了诸多实用功能和公式,可以实现数据的筛选、排序、汇总等操作。灵活运用这些功能,教育管理者能够快速梳理原始数据,剔除无效信息,提取有价值的数据。例如,利用数据筛选功能,可以根据设定的条件快速定位符合要求的数据子集;利用数据排序功能,可以按照某一指标对数据进行升序或降序排列,直观展现数据的分布特征;利用数据透视表和数据汇总功能,可以实现数据的多维度、多层次聚合分析,深入挖掘数据价值。

Excel 提供了丰富的数据可视化工具,如图表、条件格式等。通过可视化展示,能够将枯燥的数据转化为直观、生动的图像,揭示数据背后的规律和趋势,增强分析结果的表现力和感染力。例如,利用条件格式可以对满足特定条件的数据进行色彩标记,实现数据的分级管理和预警提示;利用柱状图、折线图、饼图等图表类型,可以清晰地展现不同类别数据的数量对比、变化趋势、占比分布等,为管理决策提供直观参考。

(二)统计分析软件

统计分析软件是现代数据处理和分析的利器,其强大的功能和友好的界面使之成为科研工作者和数据分析师处理和分析数据的首选工具。SPSS 和 SAS 作为两款广受欢迎的统计分析软件,在大规模数据处理和深度统计分析方面展现出卓越的性能。

SPSS 原名社会科学统计包(Statistical Package for the Social Sciences),后更名为"Statistical Product and Service Solutions",即"统计产品与服务解决方案"。它是由斯坦福大学的诺曼·奈、哈德莱·霍尔和戴尔·本特于 1968 年开发的一款功能强大、操作简单的统计分析软件。SPSS 提供了一系列模块化的统计分析工具,涵盖了描述性统计、均值比较、相关分析、回归分析、因子分析、聚类分析等多个领域。其独特的拖放式操作和直观的结果显示,使统计学基础薄弱的用户也能轻松上手。同时,SPSS 还支持多种数据格式的导入和导出,与 Excel、Access 等常用软件的数据交互十分便捷。正是凭借其全面的功能和人性化的设计,SPSS 在心理学、社会学、医学等诸多学科领域得到广泛应用。

与 SPSS 相比,SAS(Statistics Analysis System)的历史更加悠久。它由北卡罗来纳州立大学的安东尼·巴尔等人于 1966 年研发,最初是为农业研究设计的统计分析系统。经过半个多世纪的发展,SAS 演变成一个涵盖数据管理、统计分析、数据挖掘、可视化等多个模块的庞大软件系统。SAS 的优势在于其强大的数据处理能力和灵活的编程语言。通过 SAS 提供的丰富函数库和过程步骤, 用户能够实现对海量数据的高效读取、清洗、转换和分析。SAS 程序的模块化设计使复杂的数据分析流程得以拆分为一个个独立的单元,既增强了程序的可读性,又便于不同模块间的协作与复用。凭借其卓越的性能和扩展性,SAS 在金融、电信、制药等行业得到广泛应用,尤其在风险管理、客户管理、临床试验等领域表现出众。

SPSS 的优势在于其简洁友好的操作界面和快速上手的特点,而 SAS 则以其强大的数据处理能力和灵活的编程语言著称。因此,对于中小规模数据分析和统计建模,SPSS 无疑是更加便捷高效的选择。当面对海量数据和复杂业务逻辑时,SAS 凭借其强大的数据整合与分析能力,往往能够提供更加专业和全面的解决方案。

虽然 SPSS 和 SAS 在特定领域各有所长,但在现代数据分析实践中,它们往往是相辅相成、协同作战的。一方面,用户可以利用 SPSS 的优势,快速开展探索性数据分析,识别数据特征,建立初步模型;另一方面,可以借助 SAS 的强大功能,对数据进行深度挖掘和建模,进行更加精准和全面的分析。SPSS 直观友好的结果展示,也为 SAS 的分析结果提供了绝佳的可视化补充。

(三)数据可视化工具

数据可视化工具能够将枯燥的数据转化为直观、生动的图表,帮助评价者快速洞察数据背后的规律和趋势,为科学决策提供有力支撑。Tableau 和 Power BI 等数据可视化软件凭借其强大的数据处理和图表展示能力,已经成为高校思政教育管理者进行数据分析和质量评价的得力助手。

运用数据可视化工具开展高校思政教育管理工作质量评价,需要明确评价指标体系和数据采集方案。在此基础上,通过连接各类数据源,将学生基本信息、思想动态、学习表现、社会实践等多维数据导入可视化软件中。借助软件提供的丰富图表类型和交互式操作,评价者可以多角度、多层次地探索数据,揭示学生思想行为的内在逻辑和发展规律。例如,利用树状图展示学生参与主题教育的层级结构,用散点图揭示学业成绩与思想表现的相关性,用地图呈现重点学生群体的区域分布等。

数据可视化不仅让复杂的评价结果变得一目了然,也极大地提升了分析效率和针对性。通过设置筛选器和参数控件,评价者可以实时调整分析维度,聚焦特定学生群体或关注重点。同时,评价者还可以充分利用可视化软件的数据建模功能,构建业务场景驱动的多维数据模型,实现从描述性分析到预测性分析的跨越。例如,基于学生历史表现数据,构建思想行为预警模型,及时发现和干预苗头性、倾向性问题。

数据可视化还是高校思政教育管理成果展示和宣传的有效手段。生动直观的可视化报告能够让学校领导、教师、家长、学生全面了解思政教育管理工作开展情况,提升工作透明度,扩大影响力。交互式数据大屏更是创新思政教育形式的新载体,通过沉浸式体验激发师生参与热情,创设良好的育人环境。

第二节　评价方法的选择

一、评价方法的类型

(一)定性评价方法与定量评价方法

1. 定性评价方法

定性评价运用描述性语言对评价对象进行分析和判断,从而得出关于评价对象优劣程度的结论。与定量评价相比,定性评价更加注重评价过程的开放性和评价结果的灵活性,能够深入揭示评价对象的内在特征和本质规律。

在高校思政教育管理工作质量评价中,定性评价方法主要包括观察法、访谈法、案例分析法等多种具体方法。其中,观察法是指评价者通过直接观察或参与式观察,深入了解评价对象的实际状态,捕捉评价对象在自然情景中的真实表现。访谈法则是评价者与评价对象面对面交流,通过提问和倾听的方式收集评价对象的主观感受和意见建议。案例分析法是评价者选取典型个案,运用归纳、演绎等逻辑方法,分析个案蕴含的一般规律和共性特征。无论采用何种方法,定性评价都强调评价者要秉持客观、公正的态度,充分尊重评价对象的主体地位,全面、准确地反映评价对象的真实情况。

定性评价在高校思政教育管理工作质量评价中的适用范围十分广泛。一方面,由于高校思政教育管理工作往往涉及价值引领、情感培养等难以量化的内容,定性评价能够弥补定量评价的不足,全面评估思政教育管理工作的育人效果。另一方面,面对思政教育管理工作中的新情况、新问题,定性评价能够及时捕捉、深入分析,为工作的优化完善提供切实可行的建议。

2. 定量评价方法

定量评价运用数学模型和统计方法对评价指标进行量化处理,旨在提高评价的科学性和客观性。在实践中,定量评价方法具有诸多优势。

定量评价能够将抽象的、难以把握的思政教育管理工作质量转化为具体的、可测量的数据指标,使评价结果更加直观、准确。例如,可以利用问卷调查的方式收集学生对思政课教学满意度的数据,再运用统计学方法进行分析,得出量化的评价结果。这种方式不仅能够反映学生的真实感受,也为教学改进提供了可靠依据。

定量评价方法有助于实现评价过程的规范化和程序化。通过构建科学的指标体系和数学模型,明确各项指标的权重和计算方法,评价过程能够按照统一的标准和流程进行,减少人为因素的干扰,保证评价结果的一致性和可比性。这对于推动高校思政教育管理工作的规范化、标准化具有重要意义。

定量评价方法为评价结果的横向比较和纵向追踪提供了可能。对不同高校、不同院系、不同年级的评价数据进行对比分析,可以发现思政教育管理工作的共性问题和特色做法,为相互学习、取长补短创造条件。同时,通过追踪分析同一院校不同时期的评价数据,可以及时发现工作中的进步与不足,把握发展的趋势和规律,促进工作的持续改进。

在实践应用中,可以从思政课教学、学生日常管理、学生干部培养等方面入手，设计一系列可测量的定量指标，如思政课教学满意度、思政课考试成绩、学生违纪率、学生干部履职能力等，通过问卷调查、数据统计等方式进行量化评估。在此基础上，运用加权平均、级差评分等数学模型，综合计算各项指标得分，得出整体评价结果。同时，要定期开展评价，跟踪分析评价结果的变化趋势，发现存在的问题，并及时反馈给相关部门和个人，不断改进和完善思政教育管理工作。

3. 定性与定量评价方法的结合运用

定性与定量评价方法相结合是系统评价高校思政教育管理工作质量的有效途径。定性评价和定量评价各有优势，将二者有机结合能够兼顾评价的全面性和准确性。定性评价能够深入分析思政教育管理工作的内在规律和特点，捕捉工作过程中的精细变化，形成丰富翔实的评价报告。通过访谈、观察等方式，评价者可以全面了解思政教育管理工作的实施背景、过程和效果，洞察其中的成败得失，总结经验教训。这为思政教育管理工作的优化完善提供了重要依据。

定性评价与定量评价并非对立，而是相辅相成、互为补充的。没有定性分析作为基础，定量评价就失去了内在意义和解释力；缺乏定量数据支撑，定性评价则容易流于表面和主观臆断。只有将二者有机结合，才能形成全景式、立体化的评价图景。在实践中，可以先运用定性方法全面了解思政教育管理工作的实施情况，梳理影响工作质量的关键因素；在此基础上，设计量化指标，开展定量测评，用数据验证定性分析的结论。同时，定量评价的结果也可以为定性分析提供新的视角和切入点，引导评价者优化定性评价方案。

多维度的综合评价是定性定量相结合的关键所在。思政教育管理工作是一项系统工程，涉及思想引领、组织管理、活动开展、队伍建设、条件保障等诸多方面。评价要全面考查各领域、各环节的工作实效，重点关注价值引领、组织协同、方法创新、长效机制等核心要素。既要看思政教育覆盖面、参与度等显性指标，也要挖掘师生获得感、认同感等隐性指标；既要评估顶层设计、制度建设等过程表现，又要衡量价值塑造力等实践成效。唯有如此，才能真正把握思政教育管理工作的内在规律，找准影响和制约工作质量的因素，为改进和加强思政教育管理提供科学依据。

(二)主观评价方法与客观评价方法

1. 主观评价方法

主观评价方法是指评价者依据自身的经验、知识、价值观等,对评价对象作出主观判断和评估。在高校思政教育管理工作质量评价中,主观评价方法能够弥补客观评价方法的不足,更全面、灵活地反映评价对象的实际情况。

主观评价方法的优势在于它能够捕捉到一些难以量化的因素,如思想道德水平、价值观念、行为习惯等。这些因素对于思政教育管理工作质量至关重要,但却难以用客观指标来衡量。通过主观评价,评价者可以根据自己的观察和了解,对这些因素作出定性分析和判断。这种评价方式更加贴近实际,能够反映出评价对象的真实面貌。

主观评价方法具有较强的针对性和灵活性。不同的高校、不同的评价主体,对思政教育管理工作质量的理解和侧重点可能有所不同。主观评价允许评价者根据具体情况,有针对性地设计评价指标和权重,突出反映本校、本部门的特点和需求。这种量身定制的评价方式,能够更加准确、全面地评估思政工作的实际成效。

从实践来看,主观评价方法在高校思政教育管理工作质量评价中得到了广泛应用。许多高校通过召开座谈会、问卷调查、个别访谈等形式,广泛听取师生的意见和建议,全面了解思政工作的实际情况。这些主观评价信息为学校领导作出决策、改进工作提供了重要依据。一些高校还建立了师生参与的评价机制,鼓励大家对思政工作提出意见和建议,形成了“大家评”“自己评”的良性互动局面。

2. 客观评价方法

与主观评价方法相比,客观评价方法更加注重数据和事实,力求通过客观证据得出评价结论。在高校思政教育管理工作质量评价中运用客观评价方法，有助于保证评价过程和结果的科学性、准确性和公正性。

客观评价方法的核心在于评价指标的量化和数据的统计分析。通过构建合理的评价指标体系，将高校思政教育管理工作的各个方面进行量化处理，可以将质性的评价转化为可测量、可比较的量性评价。常见的量化指标包括思政课程开设情况、思政教育活动开展频次、学生参与度、师资力量配备等。这些指标的数据可以通过问卷调查、行为观察、档案查阅等方式收集和统计。

在数据分析过程中，客观评价方法强调运用科学的统计方法和模型工具。通过描述性统计分析，可以掌握高校思政教育管理工作的总体状况和规律特征；推论性统计分析则有助于揭示不同指标之间的相关性，探究影响思政教育管理工作质量的关键因素。借助大数据挖掘技术，还能够从海量的校园数据中发现思政教育管理的新问题、新趋势，为改进工作提供客观依据。

客观评价方法在于评价证据的可信性和可追溯性。评价者需要对评价过程中所使用的原始数据、统计方法、分析结论等进行完整记录和存档，确保评价结果经得起推敲和检验。同时，面对评价对象的质疑，评价者也要能够拿出翔实的数据和论证过程予以回应。

(三)综合评价方法与单项评价方法

1. 综合评价方法

综合评价方法通过对评价对象的各项指标进行全面考查，综合分析各指标之间的内在联系，最终形成总体评价结果。与单项评价方法相比，综合评价方法具有更强的系统性、科学性和客观性，能够更加准确、全面地反映评价对象的真实情况。

在高校思政教育管理工作质量评价中，综合评价方法的运用需要遵循一定的原则。首先，要根据评价目的和评价对象的特点，科学建立评价指标体系。指标体系应该涵盖思政教育管理工作的各个方面，如思想政治教育、党团建设、学风建设、心理健康教育等,既要突出重点,又要兼顾全面。其次,要合理确定各指标的权重,既要考虑指标的重要性,又要兼顾指标之间的平衡性。再次,要选择恰当的评价方法,定性与定量相结合,主观与客观相结合,确保评价过程的科学性和可操作性。最后,要对评价结果进行综合分析,揭示各指标之间的内在联系,发现思政教育管理工作中存在的问题和不足,并提出针对性的改进措施。

综合评价方法在高校思政教育管理工作质量评价中的具体应用可以分为以下五个步骤。第一步,成立评价工作组,明确评价目的和任务;第二步,构建评价指标体系,确定各指标的权重;第三步,收集评价数据,运用多种评价方法进行评估;第四步,综合分析评价结果,形成评价报告;第五步,反馈评价结果,制定改进措施。在这一过程中,要注重发挥师生的主体作用,广泛听取他们的意见和建议,提高评价工作的针对性和实效性。

2. 单项评价方法

单项评价方法是指对高校思政教育管理工作质量评价中的某一特定指标进行独立评估的方法。相较于综合评价方法,单项评价方法更加聚焦和深入,能够针对特定指标进行细致的考查和分析。这种评价方法有助于发现思政教育管理工作中的具体问题,为有针对性的改进提供依据。

在实施单项评价时,需要明确评价的具体指标。这些指标应包括思政教育管理工作的各个方面,如思想政治教育的针对性和实效性、学生管理与服务的科学性和人文关怀、思政工作队伍建设的专业性和创新性等。选择评价指标时,要充分考虑其重要性、可测性和代表性,确保评价结果能够反映思政教育管理工作的关键质量要素。

在选定评价指标后,需要设计科学合理的评价标准和评价工具。评价标准是判断指标状态的尺度,它要符合思政教育管理工作的特点和规律,既不能过于宽泛模糊,也不能过于刚性僵化。评价工具则是收集评价信息的手段,如调查问卷、访谈提纲、测评量表等。设计评价工具时,要注重其信度和效度,确保测量结果的一致性和准确性。

单项评价的实施要严格遵循客观、公正的原则。评价者要深入思政教育管理工作一线，通过多种渠道收集翔实的数据资料，力求全面、真实地反映评价对象的实际状况。在分析数据时，要运用科学的方法，如统计分析、比较分析等，客观呈现评价结果，避免主观臆断和武断。

单项评价的结果要形成专门的评价报告，并及时反馈给相关部门和个人。评价报告不只要指出存在的问题和不足，更要深入分析产生问题的原因，提出切实可行的整改措施。对于评价中发现的典型经验和特色做法，也要总结提炼，加以推广。

二、评价方法的选择与运用原则

（一）针对性原则

针对性原则是高校思政教育管理工作质量评价方法选择的重要原则。在实践中，评价方法的选择需要充分考虑评价目的和评价对象的特点。只有选择恰当的评价方法，才能确保评价结果的科学性和实效性，为高校思政教育管理工作的优化完善提供可靠依据。

选择评价方法时，要明确评价目的。不同的评价目的对评价方法的要求有所不同。例如，如果评价目的是了解学生的思想动态和价值取向，可以采用问卷调查、访谈等定性评价方法；如果评价目的是考查思政教育管理工作的成效，则需要运用定量评价方法，通过可量化的指标来反映工作实绩。明确评价目的，有助于选择与之相适应的评价方法，提高评价的针对性。

选择评价方法时，要考虑评价对象的特点。高校思政教育管理工作涉及范围广，包括思想政治理论课教学、日常思想政治教育、学生管理服务等多个方面。不同的工作领域在内容、形式和要求上存在差异，需要采用不同的评价方法。例如，对于思政理论课教学，可以通过师生互评、教学督导等方式评价；对于学生日常管理工作，则更多地需要学生参与评价，通过学生满意度调查等形式来了解工作成效。因此，评价方法的选择要充分考虑评价对象的特点，做到因事而异、分类施策。

选择评价方法时，应考虑可操作性。再好的评价方法，如果难以付诸实施，也会大大降低评价工作的效率和质量。因此，在选择评价方法时，既要兼顾科学性，又要考虑可操作性。例如，运用大数据技术开展评价，虽然能够处理海量信息，提高评价的全面性和客观性，但也对数据采集、存储、分析能力提出了较高要求；开展实地考察评价，能够直观了解思政工作开展情况，但也需要投入大量的人力物力。因此，评价方法的选择要综合考虑各种因素，在科学性和可操作性之间寻求平衡。

（二）可操作性原则

评价方法的可操作性原则要求选择的评价方法需具备现实可行性和易于实施的特点。在高校思政教育管理工作质量评价过程中，评价方法的设计不只要立足于评价目的，更要充分考虑评价主体、客体的接受程度和操作难易度。过于理想化、复杂化的评价方法虽然从理论上看似完美，但在实践中却难以真正发挥作用。

可操作性原则要求评价指标体系应简洁明了，避免设置过多的评价指标，导致评价过程烦琐冗长。通过对评价指标的优化组合，最大限度地减少评价指标的数量，同时又能够全面反映评价对象的关键要素，做到指标设置的精准性和针对性。这就需要评价者在指标设计过程中，深入研究高校思政教育管理工作的内在规律和外在特征，准确把握影响工作质量的关键因素。

评价方法的实施流程也应力求简便易行，尽可能减少评价过程中的环节设置，提高评价效率。通过标准化、规范化的流程设计，明确各环节的操作要求和注意事项，确保评价工作有序开展。同时，要为评价主体提供必要的培训和指导，使其熟练掌握评价方法，减少因操作不当而导致的偏差。

数据采集和处理是影响评价方法可操作性的重要因素。评价方法应充分利用现代信息技术手段，通过网络化、智能化的系统平台实现数据的高效采集、传输和分析，最大限度地减少人工操作环节，降低数据处理的难度，减少工作量。

评价系统应具有良好的人机交互界面，便于评价主体使用和数据录入。

评价结果的应用和反馈机制关乎评价方法的可操作性。评价方法的设计应充分考虑评价结果的利用途径和反馈渠道，明确评价结果的呈现方式和应用机制，便于评价对象及时了解自身存在的问题和不足。评价结果应形成规范化的报告，具有较强的可读性和指导性，为后续整改工作提供明确的方向和依据。

第三节　评价实施的过程管理

一、评价计划的制订

（一）评价目标的确立

评价目标为整个评价工作奠定了方向和基础，直接关系到评价的科学性、针对性和有效性。确立评价目标需要遵循思政教育规律，体现党和国家对高校思政工作的要求，契合学校办学定位和人才培养目标，同时兼顾思政工作自身的特点。

从宏观层面看，高校思政教育管理工作质量评价的目标应服务于立德树人根本任务。这就要求评价目标必须紧紧围绕学生全面发展这一主题，促进学生世界观、人生观和价值观的正确形成。评价不能局限于思想政治理论课教学或思想政治教育实践活动的狭隘视角，而应关注高校思政工作对学生成长成才的全过程、全方位影响。只有树立“大思政”理念，才能准确把握评价的内涵和外延。

从中观层面看，高校思政教育管理工作质量评价要服从和服务于学校发展的总体规划。一方面，评价目标的设定要充分考虑学校的办学理念、校训校风、专业特色等因素，提升评价工作的适切性；另一方面，评价应注重发现问题、深化改革、凝聚共识,为推动学校内涵式发展、特色发展提供科学依据。唯有如此,评价才能真正融入学校管理体系之中,成为提升办学质量和核心竞争力的有力抓手。

从微观层面看,高校思政教育管理工作质量评价目标应具有明确性、可测性和可达性。评价目标不能停留在抽象的口号上,而应细化为具体、可操作的要求。通过设定科学合理的评价指标,制定规范标准、等级标准,使评价目标"落地"为可测量的行为和表现。同时,评价目标还应具有一定的挑战性,既不能定得太低而缺乏激励效果,也不能定得过高以至难以达成。总之,评价目标要在理想和现实之间寻求平衡。

评价目标的确立应兼顾过程目标和结果目标。过程目标关注高校思政教育管理工作的实施情况,涉及组织领导、队伍建设、载体平台、制度保障等方面;结果目标则侧重思政工作取得的育人实效,主要包括思想引领、价值塑造、行为养成等维度。二者相辅相成,缺一不可。过于强调结果而忽视过程,容易导致评价的功利化倾向;过于关注过程而忽略结果,又可能流于形式主义。因此,科学设置过程目标和结果目标,处理好二者间的辩证关系,是确立评价目标必须把握的重点。

(二)评价方案的设计

评价方案的设计直接影响着评价的科学性、规范性和有效性。评价方案通常包括评价指标体系、评价方法和实施步骤等核心内容,需要在深入研究评价对象特点的基础上,遵循评价的基本原则和规律进行系统化设计。

评价指标体系是评价方案的核心和基础。它以树状结构的形式,将评价对象分解为若干个评价要素,并进一步细化为可测量的评价指标,对评价对象进行全面考查和系统评价。科学合理的评价指标体系,应该具有全面性、独立性、可操作性等特点。全面性要求指标体系能够较为完整地覆盖评价对象的各个方面,不遗漏重要内容;独立性是指各指标之间应相对独立,避免过多的重叠和交叉;可操作性则强调指标应具体、明确,便于观测和数据采集。针对高校思政教育管理工作的特点,其评价指标体系的构建应围绕思想政治教育、日常管理服务、队伍建设、条件保障等方面展开,既要重视显性的工作绩效,也要考查隐性的育人实效。

评价方法的选择直接关系到评价过程的组织实施和评价结果的分析应用。常见的评价方法有问卷调查法、访谈法、测评法、案例分析法、考察法等,每种方法都有其适用范围和局限性。在设计评价方案时,应根据评价目的、评价对象、评价条件等因素,灵活选用恰当的评价方法。同时,为提高评价的科学性和可信度,宜采用多种方法相结合的综合评价模式,相互印证、取长补短。例如,在评价高校思政教育管理工作时,可通过问卷调查了解师生的主观感受和满意度,再辅之以个别访谈深入挖掘问题成因,并运用测评量化关键指标,最后对典型案例进行剖析,形成全面、立体、客观的评价结果。

评价实施步骤的规划是保障评价工作有序推进的重要举措。完整的评价实施步骤通常包括评价启动、前期准备、组织实施、数据处理、报告撰写、结果反馈及整改提升等环节。每个环节都需要做好方案设计,明确时间节点、责任分工、保障措施等,形成一套系统、规范、可操作的工作方案。同时,要重视评价全过程的统筹协调和过程管控,加强各环节的衔接配合,及时发现并解决实施中的突出问题,确保评价工作高质高效完成。对于高校思政教育管理工作质量评价,尤其要强化评价结果的转化应用,建立健全“评价—反馈—改进”机制,推动评价整改工作落到实处、见到实效。

(三)评价资源合理配置

高校思政教育管理工作质量评价的顺利实施离不开评价资源的合理配置。评价资源通常包括人力资源、物力资源和财力资源等方面。只有对这些资源进行科学调配,才能保障评价工作有条不紊地开展,最终实现预期目标。

1. 人力资源

高校应根据评价工作的规模和内容,合理确定参与评价的人员数量和结构。评价人员通常包括专职评价人员和兼职评价人员。专职评价人员通常由学校组织专门的评价机构配备,他们具备扎实的理论基础和丰富的实践经验,能够为评价工作提供专业指导。兼职评价人员则来自学校各职能部门和二级学院,他们熟悉思政教育管理工作的实际情况,能够提供真实、可靠的第一手资料。高校应注重专兼结合,优化人员配比,确保评价工作的专业性和针对性。同时,还应加强评价人员的培训和指导,提升其业务能力和职业素养,为评价工作提供有力的人才支撑。

2. 物力资源

开展高校思政教育管理工作质量评价,需要使用评价工具、信息化平台等各类设备设施。学校应根据评价工作的需要,统筹规划、合理布局,为评价工作配备先进、实用的硬件设施。例如,可以搭建思政教育管理工作质量评价信息化平台,实现评价数据的采集、存储、分析和应用,提高评价工作的信息化水平;可以为评价人员配备移动终端设备,方便其随时随地开展调研、访谈等工作,提升评价工作的灵活性和便捷性。学校还应加强物力资源的维护和更新,确保其始终处于良好的运行状态,为评价工作提供可靠的物质保障。

3. 财力资源

高校思政教育管理工作质量评价涉及方案设计、问卷调查、数据分析等诸多环节,需要一定的资金支持。学校应将评价工作纳入预算管理,设立专项经费,保障评价工作的正常开展。经费主要用于评价人员的劳务补贴、评价工具的购置维护、评价数据的采集处理等方面。学校应加强经费的绩效管理,建立健全经费使用的监督机制,提高资金使用效益。同时,还可以拓展经费来源渠道,积极争取上级部门的支持,吸引社会资源参与,形成多元化的经费保障机制。

二、评价过程中的沟通与协调

(一)沟通

评价活动涉及评价组织者、评价者和被评价者等多方主体,只有建立畅通的沟通渠道，形成良性互动，才能确保评价工作的科学性、客观性和公正性。

评价组织者作为评价活动的发起者和管理者，需要与评价者保持密切联系，明确评价目标、原则和要求，提供必要的人力、物力支持，同时监督评价过程，确保评价工作规范有序地开展。与此同时，评价组织者还要与被评价者进行充分沟通，听取他们对评价指标、方法等方面的意见建议，在此基础上优化评价方案，提高评价的针对性和可操作性。

评价者是评价工作的直接执行者，要严格按照评价组织者的要求开展工作，如实记录、汇总分析评价数据，形成客观公正的评价结果。在此过程中，评价者要与被评价者保持良好沟通，深入了解思政教育管理工作的实际情况，询问相关细节，以全面、准确地把握第一手资料。同时，评价者还要虚心听取被评价者对评价工作的反馈意见，及时调整评价策略和方法，提高评价效果。

作为评价活动的对象，被评价者的配合态度和参与程度直接影响评价工作的成败。被评价者要以开放、合作的姿态对待评价工作，积极提供评价所需的资料和信息，客观反映思政教育管理工作的成效和不足。对评价者提出的问题，被评价者要如实作答，对评价结果要虚心接受。通过与评价组织者、评价者的良性互动，被评价者可以更加明确今后的工作方向，不断提升思政教育管理工作水平。

（二）协调

要构建多元主体参与的协调机制。评价组织者应充分尊重和吸纳各方主体的意见，通过平等对话、民主协商等方式，在评价目标、内容、方法等方面达成基本共识。同时，要明确各方职责边界，厘清权责关系，避免职能交叉和权力真空。建立畅通的信息沟通和反馈渠道，及时了解和回应各方诉求，营造开放、互信的协调氛围。

要坚持问题导向，聚焦评价实施过程中的突出矛盾和困难，有针对性地开展协调。评价过程中，难免会出现观点分歧、利益冲突等问题，协调者要深入一线，准确把握问题的症结所在，运用有效的工作方法，促进各方求同存异、化解对立。

对于涉及评价公平公正的重大问题，要遵循实事求是的原则，依法依规予以妥善处理，切实维护评价工作的严肃性和权威性。

要发挥思政教育的独特优势，加强评价过程中的价值引领。高校思政教育管理工作质量评价不同于一般的教育评价，其特殊性在于要坚持马克思主义指导地位，突出社会主义核心价值观的引领作用。在协调过程中，要充分运用思政教育的理念、方法，引导评价各方强化大局意识、责任意识、奉献意识，自觉使个人利益、部门利益服从和服务于学校发展大局。通过深入细致的思政教育管理工作，凝聚起评价工作的强大精神力量。

良好的制度环境是确保评价过程协调的重要保障。学校各项规章制度、工作机制、评价标准等，都应体现公平公正、科学规范的要求，为协调工作提供依据。同时，还要建立健全协调工作的考核评价和监督问责机制，强化过程管理，促进协调工作的规范化、制度化。

三、评价进度监控与评价偏差纠正

（一）监控评价进度

评价进度的有效监控是高校思政教育管理工作质量评价实施过程中的关键环节。它要求评价组织者时刻关注评价活动的推进情况，将实际进展与预设计划进行动态比对，及时发现并解决评价实施中出现的问题，确保评价工作在规定时间内高质量完成。

评价进度监控应贯穿评价实施的全过程。在评价启动阶段，评价组织者需要根据评价方案制定详细的时间表和任务清单，明确各项工作的完成时限和负责人。在评价实施阶段，评价组织者应定期召开评价推进会，听取各评价小组的工作汇报，了解评价进度和遇到的困难，协调解决相关问题。同时，还应运用适当的方式对评价对象进行动态跟踪，掌握其配合评价工作的情况。

进度监控的有效性在很大程度上取决于信息收集与反馈机制的完善。为此,评价组织者应借助信息化手段,建立评价管理系统,通过系统录入各类评价数据,动态呈现评价进度,使评价全过程“可管可控”。当评价进度出现滞后时,系统可自动预警提示,评价组织者据此采取针对性措施,如调整评价方案、增加人员投入等,推动评价活动有序开展。

评价进度监控绝非简单的督促。评价组织者在关注量化进度指标的同时,更应注重评价质量的把控。一味追求进度而忽视评价工作的规范性和科学性,容易导致评价流于形式、失之偏颇。因此,进度监控必须建立在全面了解评价工作内容和规律的基础之上,既要合理控制评价节奏,也要为评价活动的深入开展预留出足够的时间和空间。

评价进度监控应体现人文关怀。评价工作的顺利推进离不开各相关主体的共同努力。评价组织者在推动评价进度的过程中,要充分尊重一线评价人员的劳动,适时给予必要的支持和鼓励,营造良好的评价氛围。这不仅有助于充分调动评价者的工作积极性,也能增强被评价者的参与意愿,形成评价工作的协同合力。

(二)纠正评价偏差

评价偏差是指评价结果与实际情况存在差异,导致评价失真、失准的现象。这种偏差可能源于评价指标设计的不合理、评价方法的不科学、评价主体的主观性等多方面因素。如果不能及时发现并纠正评价偏差,就会影响评价的客观性和公正性,进而影响评价结果的权威性和可信度。

1. 建立健全的评价质量监控机制

评价质量监控机制应贯穿评价全过程,对评价的各个环节进行实时监测和动态调整。在评价指标设计阶段,要广泛征求专家学者和一线工作者的意见,确保指标体系的科学性、全面性和可操作性。在评价实施阶段,要加强对评价主体的培训和指导,提高其专业素养和职业道德,规范评价行为。同时,还要建立多元化的评价信息收集渠道,通过问卷调查、个别访谈、实地考察等方式,全面了解评价对象的实际情况,为评价提供翔实可靠的数据依据。

2. 加强评价数据的分析和反馈

运用统计学方法对评价数据进行深入挖掘和综合分析,及时发现评价结果与实际情况的偏差,找出产生偏差的原因。针对不同类型的偏差,要采取针对性的纠偏措施。例如,对于因指标设置不合理导致的偏差,要及时调整和优化指标体系;对于因评价主体主观性导致的偏差,要加强评价者的教育培训,提高其客观公正意识;对于因评价方法不科学导致的偏差,要优化评价技术和手段,提高评价的精准度。

3. 构建多元主体参与的偏差纠正机制

评价偏差纠正不是评价组织者单方面的事情,而应该发动广大师生参与。要畅通评价意见反馈渠道,鼓励和支持师生对评价工作提出意见和建议。对于师生反映的评价偏差问题,评价组织者要高度重视,深入调查核实,及时予以纠正。同时,要充分尊重和采纳师生的合理化建议,并将其运用到评价工作的改进完善之中。

4. 注重评价偏差纠正的经验总结和制度化建设

评价工作是一个不断循环往复的过程,每一次评价都会遇到各种类型的偏差问题。评价组织者要善于总结经验教训,从成功的纠偏案例中提炼规律性认识,从失误的评价活动中吸取警示性教益,并运用于指导后续评价实践。要将行之有效的纠偏措施和方法以制度的形式固化下来,形成可供遵循、易于操作的评价偏差纠正工作规范和流程指引,推动纠偏工作的规范化、常态化开展。

四、评价数据汇总与评价结果反馈

(一)汇总评价数据

评价数据汇总通过系统收集、整理、分析评价过程中的各类数据,为评价结果的生成、反馈和应用提供了客观、准确的依据。在评价数据汇总过程中，需要注重数据的全面性、真实性和时效性，确保数据能够全面反映评价对象的实际情况，真实记录评价过程的每个细节，并及时反馈给相关方面，发挥评价的导向和改进作用。

评价数据的汇总应涵盖评价指标体系中的各个维度和要素，包括思想政治教育目标达成度、课程与活动开展情况、育人环境与条件保障等方面的数据。这些数据可以通过问卷调查、访谈座谈、实地考察、档案查阅等多种方式收集，既要重视定量数据的准确记录和统计分析，也要注重定性材料的归纳整理和内容分析。只有运用科学的数据收集方法和严谨的数据整理流程，评价数据才能真正成为反映高校思政教育管理工作质量的"晴雨表"。

高质量的评价数据汇总需要评价组织者具备较强的信息化意识和数据分析能力。随着大数据时代的到来，评价数据的规模和复杂程度不断提升，传统的人工汇总方式已难以适应新形势下评价工作的需要。因此，评价组织者应积极引入信息技术手段，搭建集数据采集、存储、分析、可视化等功能于一体的评价数据管理平台。利用该平台，可以实现评价数据的自动采集、实时更新、智能分析和多维呈现，大幅提升评价数据汇总的效率和精度，为后续评价工作奠定坚实的数据基础。

评价数据汇总的过程是一个提炼评价发现、凝练评价结论的过程。对海量的评价数据进行系统梳理和深入分析，能够找出其中蕴含的关键信息和规律特征，进而形成对高校思政教育管理工作质量的整体判断和针对性建议。一份高质量的评价报告，往往源自扎实、细致的评价数据汇总工作。评价组织者要善于从繁杂的数据中提炼出评价工作的精华，用数据说话，用事实说话，使评价结果更加客观、准确、有说服力。

评价数据汇总工作应重视对敏感信息和隐私数据的保护。在高校思政教育管理工作质量评价中，难免会涉及师生的个人隐私、原始档案等敏感信息。评价组织者有责任做好敏感信息的脱敏处理和安全存储，防止信息泄露。

(二)反馈评价结果

评价结果不只能够客观呈现思政教育管理工作的现状和成效,更能为后续工作的优化完善提供科学依据和行动指南。因此,如何将评价结果高效、精准地反馈给相关方面,促进评价作用的充分发挥,值得高校管理者深入思考和探索。

评价结果反馈的对象是思政教育一线工作者,包括思政课教师、辅导员、班主任等。将评价结果反馈给一线工作者,可以帮助他们及时了解自身的优势和不足,明确后续提升的方向和路径。在反馈过程中,思政教育管理者应遵循客观、公正的原则,既肯定一线工作者的成绩和进步,又指出存在的问题和改进空间。同时,反馈不应止步于单向信息传递,更应注重与一线工作者的沟通交流,听取他们对评价结果的意见和建议,形成良性互动。唯有如此,才能增强一线工作者的认同感和主人翁意识,调动其参与评价、改进工作的积极性和创造性。

评价结果反馈的对象是高校决策层。作为学校事业发展的掌舵者,决策层需要及时、全面地了解思政教育管理工作的成效和问题,以便制定科学的政策措施,优化资源配置。因此,管理者要将评价结果以专题报告、数据分析等形式呈现给决策层,客观反映工作成效,深入剖析存在问题,提出改进建议。在必要时,还可举行专题汇报会或座谈会,与决策层面对面交流,促进评价结果向决策转化。评价结果在决策层的充分反映和运用,可以推动思政教育管理工作在学校层面形成科学规划、人财物保障等一整套方案,从而不断提升管理成效和质量。

评价结果应适度向社会公众反馈。作为高校人才培养和社会服务的重要内容,思政教育事关社会主义事业薪火相传,也关乎国家发展和民族复兴。向社会公众反馈评价结果,一方面可以展现高校立德树人的成效和担当,赢得社会各界的理解和支持;另一方面也可以接受社会的监督和评判,倾听各方意见,推动工作改进。在反馈方式上,可以利用新闻媒体、门户网站、微博微信等平台,以通俗易懂的方式呈现评价结果,回应社会关切。必要时,还可邀请社会各界代表参与结果反馈和研讨,搭建起学校与社会的沟通桥梁,促进思政教育管理工作社会参与度和支持度的提升。

评价结果还应向师生反馈。思政教育管理工作的成效最终要体现在全校师生的获得感和满意度上。向师生员工反馈评价结果，一方面能展现学校推进思政教育管理工作的决心和行动力，提振师生信心；另一方面也能广泛征求师生意见建议，倾听他们的心声诉求，并将其作为后续工作优化的重要依据。在反馈形式上，可以利用教职工大会、学生代表大会、满意度调查等渠道，全面客观地呈现评价结果。同时，还要重视师生的即时反馈，通过谈心谈话、座谈交流等方式，深入了解他们对评价结果的看法和期许，推动思政教育管理工作做到“以师生为中心”。

五、评价过程总结与持续改进

（一）总结评价过程

高校思政教育管理工作质量评价是一个系统工程，涉及评价计划制订、评价过程管理、评价结果应用等多个环节。其中，评价过程的总结是极其关键的一环，它为后续评价工作的优化完善提供了重要依据。通过系统梳理评价全过程，总结评价工作的成效和不足，能够帮助评价主体及时发现问题，精准改进策略，不断提升评价的科学性、规范性和有效性。评价过程总结需要重点关注以下五个方面。

1. 评价计划执行情况

要全面回顾评价工作开展的各个环节，考查评价目标、内容、方法、程序等设计是否合理，评价指标体系、评价方案能否充分体现评价需求，评价任务分工、时间进度安排是否切实可行。通过缜密分析，找出计划执行中的薄弱环节，为优化完善评价方案奠定基础。

2. 评价主体履职尽责情况

评价工作的成败很大程度上取决于评价主体的专业素养和工作态度。因此，评价总结必须客观评估评价者的职业操守、业务能力和工作表现，考查其是否严格遵循评价纪律，是否具备相应的知识技能，是否勤勉尽责、实事求是。对于履职不力、违规违纪的评价者，要及时予以督导和问责，切实保障评价工作的公平公正。

3. 评价对象配合协作情况

高校思政教育管理工作质量评价不同于一般的考核评估，它要求评价对象积极参与、主动配合，以开放包容的心态接受评价监督。评价总结应重点考查被评高校在自评、提供材料、开展测评、整改反馈等方面的表现，分析评价互动的顺畅程度，找出沟通协调的障碍因素。唯有评价主客体形成合力，才能确保评价工作有序推进、圆满完成。

4. 评价资源保障落实情况

高质量的评价离不开必要的人力、物力和财力投入。评价总结要客观分析评价工作的资源配置状况，重点关注评价队伍建设、评价信息化建设、评价专项经费等方面，考查资源投入是否充足，资源配置是否合理，资源使用是否规范。一定要高度重视资源短板和制约瓶颈，采取有力措施加以解决，为评价顺利实施提供坚实保障。

5. 评价工作整体成效和影响

评价过程管理的根本目的是保证评价工作的质量和效果。因此，评价总结必须全面评估评价成果的数量、质量，以及评价工作的社会反响。要通过深入细致的调研访谈、问卷测评，多角度、多层面地收集评价对象、评价服务对象的意见建议，综合研判评价工作取得的标志性成果、突出性亮点和创新性做法，系统分析评价工作的影响力、公信力，为巩固评价成效积累经验、提供借鉴。

（二）持续改进评价工作

评价工作并非一蹴而就，只有在实践中不断总结经验教训，优化完善，方能真正发挥其应有的作用。这就要求高校管理者树立持续改进的理念，将评价工作作为一项长期性、系统性工程来抓，坚持不懈地投入时间和精力。持续改进评价工作需要从评价理念、评价指标、评价方法、评价反馈等多个方面入手。

第一，更新评价理念，突出以人为本、促进发展的核心价值取向。评价是为了诊断问题、改进工作，帮助教师提升育人能力，促进学生全面发展。

第二，根据实践需要优化评价指标体系。一方面，指标设计应贴近教育教学实际，充分考虑不同学科专业、不同教师群体的特点，力求具有针对性和可操作性。另一方面，指标内容应与时俱进，既要体现思政教育的一般规律，又要反映时代发展的新要求。

第三，创新评价方法。传统的评价方式往往侧重于目标达成度的考核，容易陷入“指标化”“形式化”的困境。因此，有必要探索多元评价、过程评价、跟踪评价等新形式，加强对教育过程的动态监测，注重对教师育德能力、学生实践体验的深入分析。此外，评价方法的选择还应考虑操作的便捷性和经济性，在保证科学性的同时兼顾实用性。

第四，重视评价反馈的针对性和实效性。评价结果不能束之高阁，而应以适当方式反馈给相关主体，成为他们进一步改进工作的“动力源”和“指南针”。反馈内容应全面客观，既肯定成绩，也指出不足；既有宏观的数据分析，也有微观的个案剖析。反馈形式应灵活多样，可以采取书面报告、面对面沟通、专题研讨等方式，提高评价信息的传递效率和接受度。

六、评价结果的持续应用与跟踪

评价结果的持续应用与跟踪不仅能够确保评价工作取得实效，还能推动思政教育管理工作的持续改进和创新发展。

评价结果的应用是发挥评价导向、诊断和改进功能的关键所在。通过科学、系统地分析评价数据，高校管理者能够准确把握思政教育管理工作的现状和问题，找出工作中的薄弱环节和提升空间。在此基础上，管理者可以有针对性地制订整改方案，优化资源配置，改进工作方式方法，不断提升思政教育管理工作的科学化、精细化水平。同时,评价结果的应用还能够激发广大思政工作者的积极性和创造性,引导其主动对标对表,查找差距,改进提高,建立良性的工作机制。

评价结果的跟踪则是保障应用成效的必然要求。思政教育管理工作的改进和提升并非一蹴而就,而是一个持续优化、螺旋上升的过程。因此,高校管理者需要建立健全评价结果跟踪反馈机制,定期了解整改落实情况,评估整改成效,并根据实际需要及时调整完善措施。通过跟踪和反馈,管理者能够动态掌握工作进展,发现和解决新情况、新问题,确保评价整改工作朝着正确方向深入推进。同时,有效的跟踪反馈也有助于增强师生对评价工作的认同感和参与度,形成全员参与、共同推进的良好局面。

评价结果的持续应用和跟踪还需要高校管理者树立大局观和创新意识。一方面,要从全局和长远的角度审视评价工作,将其与学校发展战略、办学理念相结合,使之成为推动思政教育管理工作科学化、规范化、现代化的重要抓手。另一方面,要敢于突破思维定式和路径依赖,创新评价模式和方法,提升评价的信度、效度和预见性,为思政教育管理工作高质量发展提供更加精准、有力的决策支撑。

评价结果的持续应用与跟踪是一项系统工程,需要高校各方通力合作、协同推进。思政教育管理部门要发挥统筹协调作用,加强与相关职能部门的沟通,形成评价应用合力;二级学院和基层单位要提高思想认识,主动对接评价结果,狠抓整改落实;广大师生要积极参与,为评价整改工作贡献智慧和力量。唯有如此,才能真正做到评建结合、以评促建、评建一体,不断开创新时代高校思政教育管理工作新局面。

第四章　高校思政教育管理工作质量评价实践

第一节　高校思政课程教学管理工作质量评价实践

一、高校思政课程教学质量评价的重要性与原则

（一）重要性

高校思想政治理论课作为落实立德树人根本任务的关键课程，其教学质量评价在提升思政教育质量、促进学生全面发展中发挥着不可或缺的作用。深入探讨高校思政课教学质量评价的重要性，有利于深化教学改革、增强教学实效。

从理论层面来看，高校思政课教学质量评价是实现教学目标、完善教学过程的内在要求。思政课承担着引导学生树立正确世界观、人生观、价值观的重任。这就要求思政课教学必须紧密围绕培养什么人、怎样培养人、为谁培养人这一根本问题，不断提高教学的针对性、实效性和吸引力。科学合理的教学质量评价体系能够客观反映教学过程中的不足，为优化教学内容、改进教学方法、创新教学模式提供可靠依据。没有严格的教学质量评价作为监测和反馈机制，思政课教学就难以适应时代发展和满足学生成长的需要，更谈不上真正发挥育人功能。

从实践层面来看，高校思政课教学质量评价是激发教师教学热情、调动学生学习主动性的有力抓手。长期以来，受传统观念和评价机制的影响，高校思政课教学在一定程度上存在重教轻学、重知识轻能力、重结果轻过程等问题。这既削弱了教师的教学积极性，又降低了学生学习的兴趣和动力。构建科学的教学质量评价体系，将教学态度、教学方法、教学效果等纳入评价范畴，形成多元主体参

与、定量与定性相结合的评价机制,有助于充分调动教师的教学热情。同时,将学生的学习态度、学习能力、学习效果等作为重要评价指标,有助于引导学生端正学习态度,主动参与课堂教学,促进自主学习和合作探究。可以说,科学完善的思政课教学质量评价,构建了学校、教师、学生三位一体的育人格局,形成了思政教育的整体合力。

(二)原则

1. 科学性原则

高校思政课教学质量评价指标体系的设计和方法的选择必须严格遵循教育评价的科学规律,这是确保评价结果科学、客观、准确的前提和基础。

科学的评价指标体系需要全面考虑思政课教学的各个环节和要素,构建多维度、多层次的评价框架。评价指标的设计应该紧密围绕思政课教学的目标和内容,突出思想性、理论性和亲和力,既要考查教师的教学态度、教学方法、教学效果,又要关注学生的学习态度、学习能力、学习效果。评价指标应兼顾定性与定量、过程性与结果性、共性与个性等不同维度,力求全面、均衡、准确地反映思政课教学管理工作的实际状况。例如,在教学态度方面,可以设置教师的师德师风、育人情怀等定性指标;在教学方法方面,可以设置现代信息技术运用水平、教学组织形式创新等定量指标;在教学效果方面,可以综合学生出勤率、课堂参与度、理论素养提升等过程性和结果性指标。

评价方法的选择同样需要遵循科学性原则,根据不同指标的特点灵活采用多种评价方式,如问卷调查、课堂观察、档案分析、面谈访谈等,力求多角度、多渠道地收集评价数据。定性评价与定量评价相结合,既要重视学生、教师、专家的主观评价,又要运用科学的测量工具进行客观评价;过程性评价与结果性评价相结合,既要关注教师在思政课教学过程中的表现,又要考查其教学效果的最终达成度;他评与自评相结合,既要发挥领导、同行、学生等评价主体的作用,又要重视教师自我评价和反思。

科学的评价指标体系和评价方法应具有一定的稳定性和可比性,便于评价结果的纵向对比和横向对比。评价指标和权重的设置要相对稳定,评价周期要合理设定,评价程序要规范统一,确保评价数据具有可比性和连续性。只有这样,才能准确把握思政课教学质量的动态变化趋势,为教学改进提供可靠依据。

思政课教学质量评价指标体系的设计和评价方法的选择是一个不断完善、持续优化的过程。高校要成立专门的评价工作组织,广泛听取一线教师和学生的意见建议,与时俱进地修订评价方案。应定期开展评价工作总结,反思评价实践中的经验教训,研究解决评价工作中遇到的新情况、新问题。应加强评价队伍建设,提升评价专业化水平,建立科学规范、切实有效的思政课教学管理工作质量评价机制。

2. 全面性原则

全面性要求评价内容全方位覆盖教学过程的各个环节,构建多维度的评价体系。这不仅有利于准确评估教学质量,发现并解决教学中存在的问题,而且有助于引导教师优化教学设计,创新教学模式,不断提升思政课教学的针对性和实效性。

全面性原则要求评价内容涵盖思政课教学的诸多要素。从课程设置的合理性到教学内容的前沿性和吸引力,从教学方式方法的多样性到现代信息技术的有效运用,从师资队伍的综合素质到学生的学习收获和思想提升,评价应触及教学的方方面面。只有对影响教学质量的各种因素进行全面考量,才能客观反映思政理论课教学的真实状况,找准提升教学质量的突破口和着力点。

全面性原则绝非简单的"大而全",而应体现出一定的侧重。设计评价指标时,应聚焦于对教学质量起决定性作用的关键环节,如教学目标达成度、教学内容针对性、教学方法有效性、学生参与度等,适当突出其权重系数。这样既能保证评价的全面性,又能凸显评价的重点,使其更具导向性和可操作性。

全面性原则的落实需要评价主体的多元参与。评教不应只是领导、督导的"独角戏",而应广泛吸纳一线教师、教学管理人员乃至学生代表的意见建议。

通过多方参与,可以更全面地收集教学一线的真实信息,克服评价视角的局限性,增强评价结果的说服力。只有调动各方力量,形成评价合力,才能真正推动思政课教学质量的提升。

全面性原则要求评价方式的多样化。传统的评价方式固然不可或缺,但也应积极探索问卷调查、访谈座谈、案例分析等评价方式,采取定性与定量相结合的方法,多角度、立体化地呈现思政理论课教学的实际情况。只有创新评价手段,拓宽评价渠道,才能不断提高评价的科学性和准确性。

二、高校思政课程教学内容的质量评价

教学内容评价直接关系到思政课能否切实发挥育人功能,实现立德树人的根本任务。科学、合理、系统的课程设置是保证教学内容质量的前提。思政课程设置应该遵循思政教育规律,紧密结合学生成长成才需求,构建课程体系。高校应努力打造体现时代性、把握规律性、富于创新性的思政课,形成目标明确、内容完善、结构合理、规模适当、学时充足的课程体系。

教学内容的时效性与前沿性也是评价的重点。思政课要用足用好教材,教材是教学的基本依据。同时,教师要紧跟理论前沿和实践发展,及时把创新理论成果融入教学,引导学生正确认识世情国情,厚植爱国主义情怀。

此外,教学内容还要与学生实际紧密结合,增强针对性和实效性。思政课作为价值引领的主阵地,一定要从青年学生的认知特点和接受习惯出发,创新教学内容,运用学生喜闻乐见的话语体系,讲清楚为什么要树立理想信念、如何树立理想信念等问题。

科学合理的教学内容评价体系是教学质量的重要保障。评价主体要多元,不仅有教师评价,而且要发挥学生评价、专家评价、社会评价的作用。评价标准要立足思政课教学目标,注重对知识目标、能力目标、素质目标的考查,还要加强过程性评价,引导学生在学习过程中不断进步。评价结果要及时反馈,真正发挥评价的诊断、激励和导向功能,推动思政课教师优化教学内容,不断提升教学水平。

三、高校思政课程教学效果与学生反馈的评价

（一）学生思想政治素质提升

通过系统、科学的教学设计和实践，思政课能够在理想信念、道德品质、法治意识、社会责任感等方面对学生产生潜移默化的影响，促进学生全面发展。

1. 理想信念

在思政课教学中，教师应该引导学生树立远大理想，培养爱国主义情怀。通过讲述革命先烈的事迹，分析实现中华民族伟大复兴的重要意义，教师能够激发学生的家国情怀和使命担当。同时，教师要帮助学生正确认识和对待理想信念，树立脚踏实地、艰苦奋斗的人生态度，不断将崇高理想转化为具体行动。

2. 道德品质

思政课要注重加强学生的道德教育，引导其形成正确的价值观和行为准则。教师可以通过分析社会热点事件，讨论道德困境，引导学生进行价值澄清和道德判断。在此过程中，学生的是非判断能力、道德推理能力都能得到锻炼提升。同时，教师还要重视优秀传统文化的传承，引导学生吸收其中的道德精华，培养高尚的道德情操。

3. 法治意识

思政课要加强学生的法治教育，增强其法律意识和法治观念。教师应结合实际案例，阐释我国社会主义法治理念，帮助学生树立法治信仰。通过开展模拟法庭等实践活动，学生能够更直观地感受法治的魅力，提高运用法治思维和法治方式解决问题的能力。在日常教学中，教师还要引导学生增强规则意识，自觉遵守校规校纪，养成依法办事的习惯。

4. 社会责任感

思政课要引导学生正确认识个人与社会的关系，树立强烈的社会责任意识。例如，教师可以组织学生走进社区，开展志愿服务，在实践中提升学生的责任意识和奉献精神。教师还可以引导学生关注和思考社会问题，激发其回馈社会的内在动力。在培养社会责任感的过程中，思政课要特别注重引导学生正确对待权利与义务的关系，树立"先义务后权利"的观念。

(二)学生对教学的满意度

学生对教学的满意度直接反映了教学内容、教学方式、授课教师、课程资源等方面是否满足学生的需求和期待，体现了教学活动能否激发学生的学习兴趣，调动其主动性和创造性。只有深入了解学生的真实感受和诉求，才能有的放矢地改进教学，提升教学质量和育人实效。

从教学内容来看，学生对思政课的满意度很大程度上取决于教学内容的针对性和吸引力。一方面，教学内容要紧密联系学生的思想实际和成长需要，回应其在世界观、人生观、价值观形成过程中遇到的困惑和问题。教师应深入调研，准确把握学生的认知特点和接受习惯，精心设计教学内容，力求做到"既接地气，又入人心"。另一方面，教学内容要充分体现思政课的学理性和思想性，引导学生运用科学的观点和方法分析问题，在思考和探究中提升理论素养，坚定理想信念。教师应增强教学内容的前沿性和时代性，融入最新的理论成果和实践经验，不断增强思政课的说服力和影响力。

从教学方式来看，学生对思政课的满意度在很大程度上受教学方式的影响。传统的"满堂灌"式教学往往难以调动学生的积极性，而互动式、参与式的教学方式更能激发学生的求知欲和探究兴趣。教师应积极创新教学方法，灵活运用案例分析、情景模拟、小组讨论等方式，为学生提供沟通交流、智慧碰撞的平台。同时，教师应充分利用信息技术手段，开发慕课、微课等在线课程资源，拓展教学时空，为学生提供个性化、自主化的学习体验。教学方式的转变不仅能提高学生的参与度和获得感,更能推动其从“要我学”向“我要学”的转变。

从授课教师来看,教师的综合素质和教学水平直接影响着学生对思政课的满意度。一名优秀的思政课教师应具备深厚的学术功底、饱满的教学热情、高尚的道德情操。教师要坚持理论联系实际,将理论知识与中国实践相结合,做学生健康成长的指导者和引路人。同时,教师还应注重提升教学艺术,用师生平等、民主讨论的方式引导学生主动思考,在潜移默化中提升其道德修养和人格魅力。只有教师全面提升自身素质,以身作则、言传身教,才能赢得学生的信任和尊重,提升其对思政课的认同感。

从课程资源来看,丰富多样、形式新颖的课程资源是提升学生满意度的重要途径。除了传统的教材、讲义等基本资源,教师还应积极开发和利用各类拓展资源,如视频、音频、图片等多媒体素材,革命历史遗址、爱国主义教育基地等校外实践场所,使教学内容更加直观、生动、形象。此外,教师还可以邀请专家学者、先进模范进课堂作报告,组织主题社会实践、志愿服务等活动,拓宽学生的视野,丰富其社会阅历。课程资源的适切性、多样性、互动性,能够全方位满足学生的成长需求,让思政课真正成为学生真心喜爱、终身受益的精品课程。

(三)学生理论素养与实践能力

具备扎实的理论基础和运用理论分析问题的能力,是当代大学生成为人才的必备素质。思政课教学不只要注重理论知识的传授,更要引导学生将所学运用到社会实践中去,增强分析和解决实际问题的能力。

理论素养是大学生科学思维能力形成的基石。高校思政课要引导学生系统掌握思政课理论知识。通过学习和内化,这些理论知识有助于学生树立正确的世界观、人生观、价值观,具备辨别是非、明辨善恶的能力,成为德、智、体、美、劳全面发展的社会主义建设者和接班人。

社会实践是检验真理、深化认识的重要途径。思政课教学要把理论学习与社会实践紧密结合,引导学生走出课堂,到基层一线、田间地头去了解国情民意,观察社会现象,分析矛盾问题。通过亲身实践,学生能够将课堂所学与现实生活相联系,增强运用理论知识观察分析问题的意识和能力。同时,在实践中不仅能培养学生科学的理论素养,更能培养其阳光美好的心灵品格。

为切实增强学生理论素养与实践能力,高校思政课教学要在教学内容、教学方法上积极创新。教学内容要紧密结合学生实际和时代发展需求,将经典理论与现实问题相结合,增强教学的针对性和实效性。教学方法要突出以学生为中心,采用案例教学、情景模拟、小组讨论等多样化的教学形式,调动学生学习的主动性和参与性。此外,加强师资队伍建设,提升教师的理论素养和实践能力,是保证教学质量的关键。

四、高校思政课程教学师资队伍的质量评价

(一)师德师风

师德师风直接影响着教育事业的兴衰成败,关乎学生的健康成长和国家的未来发展。作为高校思想政治理论课的教学主体,教师必须以身作则、言传身教,在政治立场、价值导向、道德情操、敬业精神等方面树立良好形象,充分发挥示范引领作用。

高校思政课教师要坚定正确的立场,深入贯彻科学的教育方针。只有立场坚定,才能引导学生树立远大理想,培养学生的家国情怀和社会责任感。在价值导向上,教师要引导学生树立正确的世界观、人生观、价值观,帮助学生明辨是非善恶,涵养高尚的道德情操。这就要求教师自身必须具备崇高的思想境界和价值追求,以积极向上的人生态度感染学生。

高校思政课教师应该成为道德楷模,以高尚的师德师风引领学生。教师要严于律己、以德立身,将社会主义道德规范内化于心、外化于行,树立为人师表的良好形象。无论是为人处世还是治学态度,教师都要体现出诚实守信、宽厚仁爱、乐于奉献的优秀品格,以自身修养感化学生、催人向善。此外,教书育人既是责任也是使命,需要教师全身心投入、矢志不渝。教师要有强烈的事业心和责任感,以“捧着一颗心来,不带半根草去”的精神投身教育事业。这种敬业奉献的

精神必将激励学生勇担民族复兴大任，成长为堪当重任的时代新人。

高校思政课教师的师德师风建设是一项系统工程，需要教师在政治素养、道德修养、职业操守等方面全面加强，成为先进思想文化的传播者、学生健康成长的指导者和引路人。只有教师以身作则、率先垂范，才能以高尚的人格魅力引领学生、以渊博的学识积淀启迪学生，进而推动高校思政课教学质量的整体提升。

（二）教学能力

教学基本功是教师授课的立身之本，是上好每堂课、教好每名学生的基础和前提。一名优秀的高校思政理论课教师必须具备扎实的教学基本功，包括把握教材、备课授课、组织教学、运用多媒体手段、调动课堂气氛等方面的能力。

1. 把握教材

教师必须全面深入地研读教材，准确理解和把握其中的基本观点、重要概念、核心范畴，用生动鲜活的当代中国案例阐释深奥的理论道理。只有真正吃透教材，才能在课堂教学中做到旁征博引、融会贯通，用科学理论武装学生头脑。

2. 备课授课

备课是教师对教学内容进行梳理、教学方法进行设计的过程。教师要根据教学大纲要求、学情分析，合理规划教学进度，精心设计教学环节，选择最为恰当的教学方式，并做好相应的课件、案例、练习题等教学资料的准备工作。授课则是将备课成果付诸实施的过程。教师要把握“课堂七要素”，即指导思想、领悟教材、教学组织、示范作用、训练指导、课堂管理、教学评价，做到思想性、科学性、针对性、艺术性有机统一。优秀的授课离不开精心的备课，二者相辅相成、缺一不可。

3. 组织教学

教师要灵活运用各种教学组织形式，如讲授、讨论、辩论、情景模拟等，调动学生学习的主动性和积极性。教师要重视发挥学生的主体作用,引导学生积极思考、勇于发言,增强课堂教学的互动性和参与度。同时,要加强与学生的情感沟通,关注每一名学生的学习状况和思想动态,做到因材施教、教学相长。只有在积极有效的教学组织管理中,才能实现教学相长,达到春风化雨、润物无声的育人境界。

4. 运用多媒体手段

随着科技的发展,现代信息技术手段极大地丰富了教学形式,拓展了教学时空。教师要熟练掌握和运用这些信息技术手段,将其与教学内容、教学过程深度融合,成为教学的得力助手。既要合理利用多媒体呈现知识,直观形象地展示方法原理,又要避免过度使用而喧宾夺主,始终将教学主导权牢牢把握在自己手中。

5. 调动课堂气氛

良好的课堂气氛有助于活跃学生思维、调动情感体验,使之积极主动地参与教学过程中。教师要把握学生的心理特点和接受规律,通过设疑问难、讲故事、穿插幽默元素等方式活跃课堂气氛。既要“言之有物”,以高超的学识功底和深厚的理论素养取信于学生,又要“言之有趣”,以富有感染力的语言和充满亲和力的态度吸引学生。在轻松愉悦、引人入胜的课堂气氛中,学生的求知欲望被点燃,思政课的育人功能才能充分彰显。

(三)教研科研

紧跟学科前沿是提升教师教研科研能力的关键。在思政课教学过程中,教师只有持续关注学科发展动态,才能不断更新知识结构,丰富教学内容。具体来说,教师应定期查阅国内外权威期刊,了解思政教育领域的最新研究成果和理论观点。同时,积极参加学术会议和研讨会,与同行交流切磋,开阔学术视野。此外,教师还应主动承担科研项目,深入开展理论研究和实证分析,在探索中提升科研能力。只有通过潜心钻研、博采众长,教师才能真正成为学科发展的引领者,而非被动的追随者。

参与教学研究是教师提高教学水平的有效途径。教学研究不同于一般的理论研究,它以教育教学实践为对象,旨在探索教学规律,优化教学策略。在思政理论课教学中,教师应积极参与教学研究,系统总结教学经验,研发创新性的教学模式和方法。例如,可以针对学生的认知特点和接受习惯,探索翻转课堂、混合式教学等新颖的教学形式;可以围绕理想信念教育等重点内容,开发沉浸式、体验式的教学活动。通过扎实的教学研究,教师能够不断反思和改进教学实践,提升教学针对性和实效性,最终实现教学相长。

开展科学研究是教师厚植学术功底的必由之路。科学研究能够帮助教师拓宽理论视野,提升理论素养。同时,科研过程是一个发现问题、分析问题、解决问题的过程,有助于教师锻炼逻辑思维和创新能力。在思政课教学中,教师应积极申报和承担各级各类科研课题,聚焦学科前沿和教学难点,深入开展理论探索和实证研究。例如,立足社会主要矛盾变化,探讨新时代开展爱国主义教育的途径。通过扎实的科研工作,教师能够不断推进知识创新和理论创新,增强学术研究的原创性和引领性。

科研成果转化运用是凸显教研科研价值的重要体现。教师开展教研科研,既要立足学理,又要关注实践,让科研成果转化为推动教学改革、服务社会发展的现实生产力。在思政理论课教学中,教师要善于将科研成果融入教学全过程,用先进的理论观点武装学生头脑,用鲜活的实践案例诠释复杂的理论问题。同时,教师还应注重将科研成果应用于社会实践,积极参与决策咨询、理论宣讲等工作,在服务、融入、引领社会发展中彰显学术价值。只有在知行合一中推动科研成果转化运用,教师的教研科研工作才能真正落地生根,焕发勃勃生机。

五、高校思政课程教学质量持续改进策略

高校思政课教学质量的持续改进是一个系统工程,需要在多个层面协同发力,形成合力。建立完善的质量评价和监控机制,不断更新教学内容,提升教师

育人能力，真正实现思政课教学质量的持续提升。

在宏观层面，高校应完善质量保障体系，建立健全教学质量评价标准和监控机制。通过制定科学合理的质量评价指标，开展多维度、多主体的教学评价，及时发现教学中存在的问题并加以改进，从而促进教学质量的不断提升。同时，高校应加强教学管理，为思政课教学质量的持续改进提供必要的政策和资源支持。

在中观层面，高校思政课教学应遵循教育教学规律，不断优化课程设置和教学内容。一方面，要根据学生的认知特点和接受能力，合理设置课程体系，既要保证理论教育的系统性、完整性，又要增强教学内容的针对性、实效性。另一方面，要紧密结合社会发展和学生实际，不断更新教学内容，增强思政课的吸引力和感染力。教学内容要贴近学生生活，回应学生关切，引导学生分析和解决实际问题。

在微观层面，提升思政课教师的教学能力和育人水平是教学质量持续改进的关键。教师要加强教学研究，深入研究教育教学规律和学生成长规律，不断改进教学方法和手段。要善于运用现代信息技术，创新教学模式，增强教学的互动性和参与度。同时，教师要加强自身修养，提高思想政治素质和师德师风，以高尚的人格魅力感染和引导学生。此外，教师还要重视学生反馈，虚心听取学生意见，及时调整教学策略，不断提升教学效果。

第二节　高校日常思政教育管理工作质量评价实践

一、日常思政教育管理工作概述

（一）内涵

日常思政教育管理工作贯穿于大学生日常学习生活的方方面面。通过对学生进行理想信念教育、道德品质教育、法治意识教育等，引导学生树立正确的世界观、人生观、价值观，培养学生高尚的道德情操和良好的行为习惯，提高学生的法治意识和法律素养，日常思政教育管理工作对于培养德、智、体、美、劳全面发展的社会主义建设者和接班人具有重要意义。

日常思政教育管理工作既包括思想引领、理论武装等显性教育内容，也包含校园文化熏陶、管理服务育人等隐性教育形式。在思想引领方面，高校通过开展形势政策教育、理想信念教育，教育引导学生，帮助学生树立远大理想，坚定“四个自信”。在理论武装方面，高校通过开设思想政治理论课、举办专题讲座等，提升学生的理论素养。在校园文化建设方面，高校通过创造积极向上、格调高雅的育人环境，开展丰富多彩、健康有益的校园文化活动，春风化雨、潜移默化地影响学生价值取向。在管理服务育人方面，高校将思政教育融入学生事务管理、心理健康辅导、就业创业指导等工作中，在解决学生实际困难的同时，引导学生成长成才。

（二）重要性

日常思政教育管理工作贯穿于大学生成长成才的全过程，有利于学生树立正确的世界观、人生观、价值观，提升其思想政治素质，培养社会主义建设者和接班人。

从知识层面来看，日常思政教育管理工作有助于学生掌握思政理论知识的科学内涵和精神实质。通过专题教育、思想报告、主题班会等多种形式，引导学生深入学习思政理论创新成果，用科学理论武装头脑。同时，教师应注重用中华优秀传统文化、革命文化和社会主义先进文化培根铸魂，引导学生传承红色基因，厚植爱国主义情怀。

从能力层面来看，日常思政教育管理工作是提升学生道德修养和法治素养的重要途径。一方面，老师要教育引导学生明大德、守公德、严私德，培养良好的道德品质和行为习惯。通过加强宪法法律教育，增强学生的法治意识，培养其遵纪守法、崇尚法治的自觉性。另一方面，老师要引导学生正确认识和处理国家、社会、集体、个人四者之间的关系，自觉履行法定义务、社会责任、家庭责任，提升社会参与意识和奉献精神。通过社会实践、志愿服务等,培养学生理论联系实际的能力,强化其责任担当意识。

从价值引领层面来看,日常思政教育管理工作肩负着引导学生确立正确人生目标,树立远大理想的重任。要引导学生把个人理想融入国家事业之中,立志肩负起民族复兴的时代重任。引导学生正确认识个人与组织、个人与社会的关系,树立正确的权利义务观,培养集体主义精神。引导学生树立共产主义远大理想和中国特色社会主义共同理想,确立为祖国为人民永久奋斗、赤诚奉献的坚定信念。

高校在日常思政教育管理工作中要遵循思想政治工作规律、教书育人规律和学生成长规律,不断创新工作理念、内容、方式方法,提高工作的针对性和实效性。坚持全员全过程全方位育人,充分发挥课堂教学的主渠道作用,把立德树人融入教学全过程。组织开展内容丰富、形式多样、贴近实际、贴近生活、贴近学生的主题教育,最大限度凝聚教育合力。健全“三全育人”工作体系,完善日常思政教育管理工作评价考核机制,调动各方力量协同配合、形成合力。

二、日常思政教育内容与实施策略评价

(一)教育内容评价

日常思政教育内容评价关系到思政教育能否落到实处,能否真正引导学生树立正确的世界观、人生观和价值观。评价教育内容是否全面系统,需要从知识的广度和深度两个维度进行考量。一方面,教育内容应涵盖思政教育的方方面面,构建起完整的理论知识体系;另一方面,教育内容还应深入阐释这些理论的丰富内涵和实践要求,揭示其中蕴含的思想精髓和价值追求,引导学生将之内化为自身修养,外化为实际行动。

评价教育内容是否紧密结合学生实际,关键要看其能否解答学生成长过程中遇到的现实困惑,能否回应学生在价值判断和行为选择中面临的矛盾冲突。思政教育不能停留在抽象的理论层面,而应贴近学生生活,从学习、人际交往、社会认知等方面入手,帮助学生坚定理想信念。教师需要深入调研学生的所思所

想,把握其成长规律和思想特点,有针对性地设计教学内容,用学生喜闻乐见的话语体系阐释深刻道理,用鲜活生动的案例引导价值认同,做到因材施教、因时制宜。

评价教育内容能否引起学生共鸣,最根本的标准在于触及灵魂、实现内心震撼。思政教育绝不能流于形式主义,满足于堆砌概念、罗列条目,而应以情感人、以理服人,激发学生对真善美的向往和追求。教师要善于挖掘蕴含在理论知识中的情感因素,用真挚的情感打动学生,引导其在潜移默化中接受教育、提高认识。例如,在讲授革命先烈事迹时,教师若能循循善诱、娓娓道来,必能让学生从内心深处感悟到信仰的力量。教师若能将抽象的价值理念与现实生活相结合,就更容易引起学生的价值认同和行为践行。

(二)实施策略评价

科学合理的评价体系能够及时发现工作中存在的问题,总结经验教训,不断优化完善管理措施。在评价过程中,教师要特别注重教育方式的灵活性和多样性。当代大学生思想活跃,个性鲜明,传统的说教式、灌输式教育已难以适应新时代青年成长的需要。教育工作者必须与时俱进,创新教育理念和方法,以学生易于接受的方式开展工作。例如,可以充分利用新媒体平台,用学生喜闻乐见的形式传播正能量。一段鼓舞人心的短视频,一篇发人深省的文章,往往能达到事半功倍之效。可以开展形式多样的主题教育,如组织红色观影、革命传统教育、志愿服务等,在潜移默化中引导学生坚定理想信念。这些做法贴近学生生活,有助于提高教育的针对性和实效性。

日常思政教育管理工作要满足学生的多元需求。大学生处于人生观、价值观形成的关键时期,在人格养成、学业发展、情感交往、就业择业等方面都需要得到悉心指导。教育工作者要立足于促进学生全面发展,既关注思想引领,又注重能力培养,在解疑释惑的同时帮助其确立正确的人生目标。例如,面对有学习困惑的学生,教师不仅要帮助分析原因,疏导情绪,还要传授科学的学习方法,引导其端正学风。对于陷入情感挫折的学生,要给予人文关怀,帮助其重拾信心,培养健康的恋爱观。这些做法体现了教育工作的全面性和针对性,有利于学生身心健康成长。

日常思政教育管理工作的实施效果评价是一个动态过程,需要教育工作者与学生、家长、社会各界密切配合,建立常态化的反馈机制。可以通过谈心谈话、问卷调查、蹲点走访等方式,及时了解学生思想动态和成长需求,发现工作中的突出问题,有针对性地加以改进完善。例如,若发现部分学生价值观出现偏差,要及时开展相关主题教育;若学生反映所学内容脱离实际,要及时调整优化教学方案。在评价过程中,既要总结推广好的经验做法,又要查找反思工作不足,推动思政教育管理工作不断迈上新台阶。

三、日常思政教育途径的创新性评价

在新时代背景下,思政教育工作面临着新的机遇和挑战,仅仅局限于传统的课堂教学模式已经难以满足学生成长发展的需求。因此,充分利用第二课堂、社会实践、校园文化等多种途径,创新拓展思政教育渠道,已经成为提升教育实效性的关键所在。

1. 第二课堂

第二课堂是相对于第一课堂而言的,是在课堂教学之外,以学生自我教育、自我管理、自我服务为主要特点的教育形式。开展内容丰富、形式多样的第二课堂活动,能够拓宽学生视野,丰富其精神生活,引导其形成正确的世界观、人生观和价值观。例如,通过组织主题教育实践、志愿服务、社团活动等,可以培养学生的社会责任感、奉献精神和团队意识。这些宝贵的情感体验和精神收获,将成为学生成长发展的重要财富。因此,在日常思政教育管理工作质量评价中,应重点考查第二课堂建设的科学性、针对性和实效性,激励教育工作者不断创新工作方式方法。

2. 社会实践

实践是检验真理的唯一标准。只有将所学知识运用到实际行动中,才能真正实现由认知到情感、由情感到意志、由意志到行为的升华。通过组织学生深入基层、投身社会,亲身参与社会生产生活实践,能够增强其对国情社情的了解,坚定理想信念,锤炼意志品质。同时,社会实践还能够检验课堂所学知识的运用效果,加深学生对理论的理解和认同。实践育人成效如何,已经成为衡量高校思政教育管理工作质量的关键指标。因此,在实施评价时,应着重分析社会实践活动的针对性、有效性和持续性,引导学校构建常态化的实践育人机制。

3. 校园文化

大学的精神风貌在很大程度上取决于其校园文化的内涵和品位。积极健康、向上向善的校园文化,能够潜移默化地影响学生的思想行为,起到无声的教化作用。反之,庸俗低级、追名逐利的校园文化,则会误导学生的价值取向,败坏高校育人环境。因此,加强校园文化建设,充分发挥其思政教育功能,对于提升学生思想道德素质、人文素养至关重要。在评价过程中,应督促学校不断提升校园文化的思想内涵、艺术品位和教育功能。

四、日常思政教育评价结果的应用与改进

(一)评价结果反馈机制

通过及时、全面、准确地将评价情况反馈给相关部门和个人,可以推动评价结果的转化应用,不断改进和优化思政教育管理工作。高校在构建反馈机制时需要从多个层面入手。

在组织层面,要成立专门的评价反馈工作小组,明确职责分工,建立定期反馈、重大问题随时反馈的工作机制。评价反馈内容应包括评价结果总体情况、存在的主要问题、改进措施建议等,并以书面报告、视频会议等方式,确保反馈信息传递到位。

在制度层面,高校应制定详细的评价结果反馈工作流程和规范,对反馈的时间节点、方式方法、责任主体等作出明确规定。同时,要将评价反馈情况纳入相

关部门和个人的绩效考核体系,建立反馈问责和激励机制,提升各方参与反馈工作的积极性。

反馈机制的有效运行离不开评价数据管理系统的支撑。高校应建设集数据采集、分析、反馈、存储等功能于一体的管理系统,实现评价全过程的信息化、智能化。借助大数据技术,系统可自动生成评价报告,直观呈现统计分析结果,并有针对性地推送至相关部门和个人。这不仅提高了反馈效率,也为数据的二次开发利用创造了条件。

反馈机制不应止步于信息的传递,更应注重引导评价结果向实际工作改进转化。相关部门和个人在收到反馈报告后,要认真研读、深入分析,找准问题症结,制定切实可行的整改方案。学校层面也要加强跟踪督查,适时组织研讨交流,推动整改落实。

此外,反馈机制的构建应体现以人为本、开放互动的理念。要充分尊重师生的主体地位,通过问卷调查、座谈走访等方式广泛听取意见建议,使评价反馈渠道更加通畅、反馈内容更加全面客观。同时,学校可适度公开评价反馈信息,接受师生监督,提高反馈工作的透明度。

(二)整改措施落实

针对评价中暴露出的问题与不足,高校应认真制定整改措施,明确责任分工,狠抓落实。高校应成立以主要领导为组长的整改工作领导小组,统筹规划、组织实施整改工作。领导小组要结合评价反馈,对存在的突出问题进行细致分析,查找问题产生的深层次原因,提出务实管用的整改举措。

在制定整改方案时,要坚持问题导向,突出重点。对评价中指出的主要问题,要列出整改清单,明确整改目标、责任单位、完成时限等,确保整改工作有的放矢、务求实效。同时,要建立台账管理制度,对整改任务逐一登记,动态更新进展情况,强化过程管控。整改工作要压实责任,将任务分解到相关职能部门和具体负责人,明确时间表、路线图,逐项落实。

在整改过程中,高校要把整改工作作为一项重大任务,纳入议事日程。分管领导要深入一线指导督查，及时协调解决整改工作中遇到的困难和问题。各相关部门要各司其职、通力合作，形成整改工作的强大合力。

整改效果的检验在于落实。高校要以评价整改为契机，举一反三，建立健全常态化的自查自纠机制。对整改不力、敷衍塞责的，要严肃追责问责。要将整改情况作为领导班子和领导干部考核评价、提拔任用的重要参考，形成推动整改落实的强大动力。

（三）持续改进优化

高校思政教育管理工作质量评价是一项系统性、持续性的工作，需要建立常态化的评价整改机制，推动工作不断改进优化。评价整改机制的建设应坚持问题导向，聚焦评价中发现的突出问题，深入分析产生问题的原因，提出针对性的整改措施。同时，评价整改要坚持全员参与、各负其责的原则，充分调动各方力量，形成工作合力。

建立评价结果运用机制是推动评价整改落实的关键。评价结果要及时反馈给相关部门和个人，使其明确存在的不足和改进方向。对于需要整改的问题，要明确整改目标、措施和时限，并加强跟踪督导，确保整改到位。评价结果还应纳入学校和相关部门的绩效考核体系，与资源配置、干部评价使用等挂钩，形成正向激励和约束机制。

评价整改的过程也是加强学习提高的过程。各高校要高度重视评价发现的共性问题，深入研究分析，总结提炼经验教训，完善制度机制，规范工作流程，不断提升思政教育管理工作的科学化、精细化水平。要充分利用评价整改的契机，加强思想政治工作队伍建设，提升队伍的政治素质和业务能力，为做好新时代高校思想政治工作提供坚实保障。

建立常态化的评价整改机制，关键在于形成“评价—反馈—整改—提高”的螺旋式上升过程。评价发现问题，整改解决问题，总结提炼经验，再运用于下一轮评价实践，如此循环往复、不断改进，方能推动高校思政教育管理工作实现内涵式发展和质量提升。

评价整改的成效最终要体现在思政教育管理工作对学生发展的促进上。只有通过不断评价反思和持续改进优化,切实增强思政教育的吸引力感染力,引导学生坚定理想信念、厚植爱国主义情怀、加强道德修养、提升综合素质,才能培养德、智、体、美、劳全面发展的社会主义建设者和接班人。这既是评价整改工作的出发点和落脚点,又是检验评价整改成效的根本标准。

五、日常思政教育管理机制的优化

(一)健全工作机构

组建一支高素质、专业化的管理队伍,是高校开展思政教育管理工作的基础和前提。领导小组应由学校相关负责人担任组长,成员由分管校领导、宣传部、学工部、团委、教务处、人事处等相关职能部门负责人组成。这种跨部门的组织架构有利于统筹协调、形成合力,充分发挥思政教育管理工作的整体效能。

领导小组要明确职责分工,各司其职、各负其责。组长负责召集会议、研究决策、统筹推进等重大事项;成员部门则要分工协作、密切配合,在思想引领、教书育人、心理健康教育、网络思政、社会实践等方面形成工作合力。通过科学的顶层设计和有效的分工协作,思政教育管理工作才能做到全员、全过程、全方位育人。

此外,领导小组还应建立健全议事规则和工作机制。定期召开会议研判形势、分析问题、部署工作,针对师生思想动态和教育教学中的突出问题,制定针对性的工作方案。同时,要完善督查督办、考核评价等工作机制,加强过程管理和绩效考评,推动工作落细落实。只有这样,领导小组的决策部署才不会流于形式,才能真正发挥统筹协调、指导推动的作用。

(二)完善制度建设

在思政教育管理过程中,各高校要根据自身实际情况和育人目标,制定系统完善、科学合理的工作制度体系，为教育实践提供规范指引和行动指南。

高校应制定明确的思政教育管理工作目标和任务分解方案。这一设计需要紧密结合国家的教育方针政策，深入分析高校思政工作面临的新形势新任务，准确把握大学生成长成才规律，在此基础上明确阶段性目标和具体任务。同时，要充分考虑学校自身的办学定位、学科特色、师资力量等因素，确保目标任务切实可行，具有针对性和可操作性。

高校要建立健全思政教育管理工作的组织实施制度。明确学校相关部门的统一领导、分管校领导的直接负责、有关职能部门的分工协作机制，压实思政工作队伍的政治责任。同时，创新工作方式方法，推动思政教育贯穿办学育人全过程，实现全员全程全方位育人。建立定期研判、专题研讨、经验交流等工作机制，加强分类指导，提升思政工作的科学化、精细化水平。

完善的考核评价和督导问责制度也是必不可少的。要制定科学合理的考核指标体系，既注重思政教育实际成效，又兼顾学生、教师的主观感受，形成全面、客观、准确的评价结果。建立督导问责机制，加大对重点工作、关键环节的督查督办力度，对工作不力、问题突出的单位和个人严肃问责，以严格的制度执行确保思政工作落地见效。

（三）强化队伍建设

一支政治立场坚定、业务能力过硬、综合素质优良的思政教育队伍，是保证思政工作取得实效的重要基础。高校应高度重视思政教育队伍建设，采取有力措施不断加强队伍建设，为做好新时期高校思政教育管理工作提供坚实的人才支撑。

思政教育工作的开展需要一支专业化、职业化的工作队伍。教育工作者的理论水平、业务能力和工作方法直接影响着思政教育的质量和效果。高校应通过多种渠道和方式，有计划、有步骤地加强思政教育队伍的专业化建设。一方面，要强化思政工作者的理论学习和实践锻炼，提升其掌握理论知识的能力，增强运用理论分析和解决实际问题的本领。另一方面，要注重思政教育队伍的专业培训，通过专题讲座、研讨交流、案例分析等方式，提高思政工作者的业务水平和工作能力，使其掌握先进的教育理念、科学的工作方法。

建设一支师德高尚、人格魅力突出的思政教育队伍，对于推动思政工作走深走实具有重要意义。思政工作者的言行举止、道德品质对学生具有潜移默化的影响。高校应把思想品德作为选拔和考核思政工作者的首要标准，引导教育工作者加强自身修养，提升道德境界，做学生的表率和榜样。同时，要健全思政工作者的管理和激励机制，强化师德师风建设，促进形成良好的教书育人氛围。

建设一支适应新时代要求的高素质思政教育队伍，需要高校内外协同发力、形成合力。高校领导要高度重视，将思政队伍建设纳入学校整体发展规划，在政策、人才、经费等方面给予有力保障。院系和相关职能部门要通力合作，健全完善思政工作机制，为思政队伍建设创造良好环境。广大思政工作者要加强学习实践，不断提升能力素质，努力成为“四有”老师。只有凝聚各方共识、汇聚多元力量，才能不断开创思政队伍建设新局面，为培养担当民族复兴大任的时代新人提供坚实保障。

第三节　高校网络思政教育管理工作质量评价实践

一、网络思政教育内容与形式评价

网络思政教育内容的设计应遵循科学性、时代性和吸引力的原则。首先，教育内容必须扎根中国大地，立足时代发展，保证网络思政教育内容的正确方向和价值导向。其次，网络思政教育内容要紧跟时代步伐，聚焦国家发展战略和社会现实问题，回应大学生的关切和需求。教师应密切关注经济社会发展新变化新趋势，将国家重大方针政策、社会热点难点问题有机融入教学内容，增强思政教育的针对性和实效性。最后，网络思政教育应注重内容呈现的吸引力，采用大学生喜闻乐见的表达方式，提高教育的感染力和渗透力。可以运用微视频、动漫、音频等新媒体形式，创新教育载体和话语体系，使思政教育入脑入心。

网络思政教育形式的评价应聚焦于互动性和实践性。一方面,要充分发挥网络媒介的互动优势,开展师生、生生之间的多向交流。教师可以利用社交媒体平台,与学生开展平等对话和深度讨论,及时解疑释惑,解决思想认识问题。学生也可以通过网上社区、论坛等渠道,分享心得体会、交流思想认识,在互动中加深对理论的理解和认同。另一方面,网络思政教育还应注重社会实践,引导学生走出校园、深入基层,在亲身参与中接受教育、得到启发。可以依托信息技术,开展网上调查研究、网络志愿服务等实践活动,也可以利用虚拟现实、增强现实等技术手段,模拟现实情景,开展沉浸式体验教学。

网络思政教育内容与形式评价应坚持以学生发展为中心,既要加强内容供给侧改革,不断提升教育内容的思想性、针对性和吸引力,又要创新教育形式手段,强化互动交流和社会实践,使思政教育入脑入心。只有遵循教育教学规律,紧跟时代发展,不断推进网络思政教育创新发展,才能充分发挥高校立德树人的主阵地作用,培养德、智、体、美、劳全面发展的社会主义建设者和接班人。

二、网络思政教育平台与技术应用评价

在互联网时代,网络已成为大学生获取信息、交流思想、传播文化的重要渠道。高校网络思政教育平台建设的质量,直接关系大学生价值观念、道德品质的形成和发展。因此,客观评价网络思政教育平台与技术应用水平,有利于推动高校网络思政工作创新发展。

从平台功能的完备性来看,一个优秀的网络思政教育平台应该具备信息发布、在线学习、交流互动、数据管理等多方面功能。其中,信息发布功能为师生提供了及时、准确、全面的思政教育资讯;在线学习功能满足了学生自主学习、个性化学习的需求;交流互动功能搭建了师生、生生之间沟通的桥梁;数据管理功能则为教育管理者提供了科学决策依据。一个功能齐备、设计合理的网络平台,能够为思政教育插上信息化的翅膀,极大地拓展教育的时空边界。

从技术应用的先进性来看,网络思政教育平台应紧跟信息技术发展前沿,充分运用大数据、人工智能、虚拟现实等新兴技术,为思政教育注入新的活力。大

数据技术可用于分析学生的学习行为和思想动态,实现精准化教育;人工智能技术可用于智能答疑、情感分析等,提升教育的互动性和针对性;虚拟现实技术可用于构建沉浸式学习场景,增强教育的吸引力和感染力。先进技术的应用不仅能够优化教育流程、提高教育质量,更能激发学生的学习兴趣,培养其创新意识和实践能力。

从使用的便捷性来看,网络思政教育平台应充分考虑学生的使用习惯和认知特点,力求操作简单、界面友好、体验流畅。过于复杂的操作流程会降低学生的使用积极性,影响教育效果的发挥。因此,平台设计应遵循以人为本的原则,从学生实际需求出发,提供清晰明了的导航指引,合理布局各项功能模块,并针对不同终端进行适配优化。此外,平台还应保证良好的运行速度和访问稳定性,最大限度地降低使用门槛,让学生随时随地、安心愉悦地接受思政教育。

除了平台自身建设,网络思政教育的开展还离不开相关制度的保障。高校应建立健全网络思政工作管理制度,明确平台建设、运维、安全等方面的职责分工和规范要求,为网络思政教育创造良好的政策环境。同时,学校应加强网络思政工作队伍建设,提升教师的信息化教学能力,鼓励其积极创新教育模式,用好用活网络平台。只有制度建设与能力建设双管齐下,网络思政教育的内涵式发展才能落到实处。

三、网络思政教育效果与传播影响力评价

在信息技术飞速发展的时代背景下,网络已经成为大学生获取信息、交流互动的重要渠道。因此,客观评估网络思政教育的实际效果和社会影响力,有利于提升教育质量,扩大教育覆盖面。

从教育效果的角度来看,网络思政教育要达到引导大学生树立正确的世界观、人生观、价值观的目的,帮助其形成良好的道德品质和行为习惯。这就要求在评价过程中,不只要关注教育内容的针对性和吸引力,更要注重学生的接受程度和内化转化情况。通过问卷调查、访谈座谈等方式,深入了解大学生对网络思政教育内容的认知、理解和认同程度,考查其在现实生活中的道德判断和行为选

择是否符合要求。只有学生真正接纳并内化教育内容，将其外化为自觉行动，网络思政教育的效果才能得到真正体现。

从传播影响力的角度来看，网络思政教育要充分发挥舆论引导和社会动员的作用，营造积极向上、充满正能量的网络环境。这就需要在评价中关注教育内容的传播广度和深度，考查其对主流价值观的弘扬、对错误思潮的批驳能力。通过大数据分析技术，精准把握不同教育内容的传播范围、受众特征、互动频次等关键指标，据此判断其影响力和话语权。同时，还要评估网络思政教育对现实社会的辐射带动作用，看其是否有效引领了网民议题设置，是否为营造清朗网络空间贡献了力量。

此外，网络思政教育效果与影响力评价还应注重过程管理和动态调整。一方面，要建立科学规范的评价指标体系，围绕教育目标设置定量和定性相结合的考核标准，做到全面系统、客观公正。另一方面，要把评价贯穿于网络思政教育的全过程，及时发现并解决实践中存在的问题，不断优化完善教育内容和方式方法。通过持续评估和动态反馈，形成网络思政教育质量提升的良性循环。

四、网络思政教育管理规范与安全性评价

（一）网络思政教育管理规范评价

随着互联网技术的飞速发展，网络思政教育已经成为高校思政教育工作的重要阵地。然而，在实践中，网络思政教育管理还存在着诸多问题，如管理制度不健全、管理手段落后、管理队伍专业化水平不高等，严重制约了网络思政教育的实效性。因此，加强网络思政教育管理规范评价，有利于推动网络思政教育持续改进和创新发展。

网络思政教育管理规范评价应注重过程管理与结果评估相结合。在过程管理方面，要重点评估网络思政教育的制度建设情况，考查相关管理制度的科学性、系统性和可操作性。具体而言，要评估网络思政教育管理的组织领导体系是否完善，责任分工是否明晰；工作机制是否健全，能否形成常态化、制度化、规范

化;管理制度是否覆盖全面,既包括宏观的指导原则,又涵盖微观的操作细则。同时,要评估这些制度在实践中的执行情况,确保制度落地生根、发挥实效。

在结果评估方面,要全面考查网络思政教育管理工作取得的实际成效。一是要评估管理工作对网络思政教育内容建设的促进作用,看其是否有力推动了优质教育资源的开发利用和持续更新;二是要评估管理工作对网络思政教育形式创新的引领作用,看其是否有效促进了教育形式的多样化、互动化发展;三是要评估管理工作对网络思政教育队伍建设的保障作用,看其是否切实加强了工作队伍的培养培训和专业化发展;四是要评估管理工作对网络思政教育实效提升的推动作用,看其是否切实增强了教育的吸引力、感染力和影响力。

网络思政教育管理规范评价还应坚持定性评价和定量评估相结合的原则。定性评价主要采取个案分析、经验总结等方式,邀请相关领域专家、一线教师和学生代表,对照既定目标,从制度完备性、过程规范性、效果显著性等维度,对网络思政教育管理工作进行整体把握和分析判断。在此基础上,形成具有针对性和可操作性的改进措施和发展建议。定量评估则主要采取问卷调查、数据分析等实证研究方法,广泛收集师生、管理者等利益相关方的意见反馈,设计科学的测评指标,精准刻画网络思政教育管理工作的运行状态和实际成效。例如,可以设计“网络思政教育平台访问量”“优质教育资源数量”“学生参与度”“互动交流频次”等定量指标,动态监测网络思政教育开展情况。通过量化分析,既能直观反映网络思政教育管理工作的基本面,又能及时发现存在的突出问题,为精准施策、改进提升提供数据支撑。

开展网络思政教育管理规范评价,还要处理好形成性评价和终结性评价的关系。形成性评价贯穿于管理工作的全过程,通过跟踪监测、动态反馈,及时发现问题,不断改进完善,促进管理工作沿预期目标持续优化。而终结性评价侧重于对阶段性成果的系统总结和综合评判,进一步明确改革方向,凝聚发展共识,推动网络思政教育管理工作再上新台阶。

建立健全网络思政教育管理规范评价体系,是提升网络思政教育管理工作科学化、规范化、精细化水平的必由之路。只有坚持立德树人的根本任务,遵循教育教学规律和网络传播特点,创新体制机制,完善制度建设,加强过程管理,注重实证分析,才能推动网络思政教育管理工作不断优化创新、提质增效,为培养担当民族复兴大任的时代新人提供坚实保障。

(二)网络思政教育信息安全评价

随着互联网技术的飞速发展,网络已经成为大学生获取信息、交流互动的主要渠道。然而,网络环境复杂多变,各种不良信息和网络安全隐患对学生的思想观念和价值取向构成严重挑战。因此,客观评估网络思政教育的信息安全状况,对于保障教育教学秩序、维护学生合法权益具有重要意义。

从技术层面来看,网络思政教育信息安全评价需要考查相关平台和系统的完备性、可靠性和先进性。一是要评估网络思政教育平台的功能是否完备,是否能够满足教学互动、资源共享、数据管理等多方面需求;二是要测试平台系统的稳定性和抗干扰能力,确保教学活动的连续性和数据的安全性;三是要审视平台系统的技术水平是否先进,能否与时俱进地整合最新的信息技术成果。通过对平台系统进行全面评估,可以准确判断其信息安全防护能力,为下一步升级完善提供依据。

从管理层面来看,网络思政教育信息安全评价应聚焦制度建设和执行情况。一方面,要评估学校是否建立健全了网络安全管理制度,内容是否全面,措施是否得当,责任是否明晰;另一方面,要考查相关制度的执行效果,管理人员是否尽职尽责,监督机制是否有力有效。制度的生命力在于执行,只有形成长效机制,才能从根本上提升网络思政教育的信息安全水平。与此同时,还要注重评价队伍专业化建设,定期开展业务培训和实战演练,不断提高其技术水平和管理能力。

从环境层面来看,网络思政教育信息安全评价还需关注外部风险因素的影响。当前,各种网络谣言、不良信息泛滥,网络诈骗、木马病毒频发,给网络思政教育带来严峻考验。对此,学校既要加强内部防范,又要主动与公安、网信等部门沟通协作,及时获取外部风险信息,做好预警和应急处置准备。同时,要加大网络素养教育力度,引导学生增强网络安全意识,提高甄别信息、防范风险的能力,自觉抵制各种不良信息的侵蚀。只有内外兼修,才能营造风清气正的网络育人环境。

客观全面地开展网络思政教育信息安全评价,是提升教育管理信息化水平的必然要求。通过系统梳理评价内容,优化评价指标,创新评价方法,可以准确把握网络思政教育信息安全的现状和问题,为改进工作、完善机制提供决策参考。在深化网络内容建设、推动媒体融合发展的同时,高校还要与时俱进地加强信息安全防护,筑牢网络安全屏障,为学生健康成长创造良好的网络环境。

(三)网络思政教育应急管理评价

在信息技术飞速发展的时代,网络已经成为大学生获取信息、交流互动的主要渠道。然而,网络环境复杂多变,各种错误思潮和有害信息对大学生的价值观念、道德规范造成了极大冲击。一旦出现重大网络舆情事件或复杂问题,如果处置不当,极易引发群体性事件,影响校园安全稳定。因此,高校必须高度重视网络思政教育应急管理工作,健全工作机制,提高应对能力,确保在关键时刻做出科学决策、采取有效措施,最大限度地化解风险隐患,维护大学生的切身利益。

建立完善的网络思政教育应急管理评价体系,是提升高校应对网络突发事件能力的关键所在。这一评价体系应涵盖应急管理的各个环节,包括风险评估、预警监测、应急预案、处置演练、总结评估等。在风险评估方面,高校要全面梳理可能引发网络思政教育领域突发事件的各种因素,科学评估风险等级,有针对性地制定防控措施。在预警监测方面,高校要建立健全网络舆情监测机制,及时发现苗头性、倾向性问题,做到早发现、早预警、早处置。在应急预案方面,高校要制定详细可行的工作方案和操作流程,明确职责分工,确保应急处置工作有章可循、有序推进。在处置演练方面,高校要定期开展实战模拟演练,提高工作人员的应急反应能力和实际操作水平。在总结评估方面,要客观分析应对过程中的得失,认真吸取经验教训,不断完善工作机制和制度保障。

网络思政教育应急管理评价还应注重过程考核和结果评估相结合。一方面,要建立科学规范的过程考核指标体系,重点评价应急处置的及时性、针对性、有效性,以及相关部门的协同配合情况。通过过程考核,及时发现和解决应急管理中存在的问题,促进工作机制的不断改进和优化。另一方面,要高度重视结果评估,全面总结应急处置的最终效果,深入分析对师生思想动态、舆论走向产生的影响,评判应对措施是否达到预期目标。只有坚持过程考核和结果评估并重,才能全面客观地评价网络思政教育应急管理工作的成效,推动形成常态长效机制。

此外,网络思政教育应急管理评价还要突出师生的主体地位,充分尊重和保障师生的知情权、参与权、表达权和监督权。在应急处置过程中,要通过多种渠道加强与师生的沟通,及时回应师生关切,积极引导师生参与应对工作,推动形成学校与师生之间的良性互动。同时,虚心听取师生对应急处置工作的意见建议,接受师生监督,不断提高工作的透明度和认可度。只有始终坚持以师生为中心,才能真正赢得师生的理解和支持,凝聚起应对网络突发事件的强大合力。

加强网络思政教育应急管理评价,是适应信息化发展、维护大学生合法权益的必然要求。面对日益复杂的网络环境和安全形势,高校必须以高度的责任感和使命感,不断健全应急管理工作体系,创新工作方法和手段,提高风险防控和应急处置能力。建立科学完善的应急管理评价体系,形成常态长效机制,从根本上增强工作的前瞻性、主动性、实效性,为维护大学生网络思想政治安全筑牢坚实防线。

参考文献

[1]权麟春.新时代高校思想政治教育工作质量评价研究[M].北京:中国社会科学出版社,2021.

[2]严帅.高校日常思想政治教育工作质量评价研究[M].北京:社会科学文献出版社,2023.

[3]彭国平. 核心素养视域下思想政治理论课教学质量评价体系研究[M].沈阳:辽宁人民出版社, 2023.

[4]严帅,张智.高校思想政治教育治理评价研究[M].北京:团结出版社,2022.

[5]李鸿雁,张雪. 高校思政课教学改革与创新研究[M]. 延吉:延边大学出版社, 2022

[6]万娟. 基于创新发展的高校思想政治教育研究[M]. 长春:吉林大学出版社, 2022.

[7]冯刚,吴成国,李海峰. 新时代高校思想政治教育前沿研究[M]. 北京:人民出版社, 2022.

[8]华建玲. 高校思想政治工作有效性研究[M]. 南京:河海大学出版社, 2022.

[9]冯刚,高山. 新时代高校思想政治教育治理论[M]. 北京:中国社会科学出版社, 2021.

[10]冯刚. 大学生思想政治教育工作概论[M]. 北京:北京师范大学出版社, 2020.

[11]吕小亮. 新时代高校思想政治理论课教学改革探索[M]. 上海:上海大学出版社, 2020.